…ieur et Madame Manuel Cánovas de Lorca
…le Marquis et la Marquise
Bozdillo del Monte
…r faire le plaisir de venir diner
…ardi 6 mai … heures
…P.
…ack tie de rigueur

DINER

Caviar et Blinis

Suprême de Turbot Braisé
Mousseline Champag…

Cochon de Lait Farci

Petits Légumes

Salade Mimosa

Fromages

Gâteau Opéra
aux deux Chocolats

* * *

…sé 1984
…ée 1982
Laurent Perrier Grand Siècle

Monsieur Hubert de Givenchy
prie La Comtesse de Rochambeau
de lui faire l'honneur de venir dîner
le Mercredi 3 Décembre 1987 à 20 heures
R.S.V.P.
87, rue de …

Dejeuner
13.15
Andrée Putman

Pour mémoire

111 rue Saint …
PARIS

…ssay
…is

D'ORNANO

24 Juillet

after 10 p.m.

Prés…
prie …
de lui faire l…

Monsieur e…
prient Ma…
Camba…
de leur faire l'…

Tenue de soirée

Monsieur et Madame Jean Amic
prient la Comtesse Jean d'Ormes…
de leur faire le plaisir de venir diner

› Leurs Tables ‹

›Leurs Tables‹

Exquisite Tischdekorationen in Frankreich

Barbara Wirth
Pascal Hinous
unter Mitarbeit von Florence Trocmé

DuMont Buchverlag Köln

CIP-Titelaufnahme der Deutschen Bibliothek

Wirth, Barbara:
Leurs tables : exquisite Tischdekorationen in Frankreich /
Barbara Wirth ; Pascal Hinous. Unter Mitarb. von Florence
Trocmé, [Aus d. Franz. von Anne Baum-Rudischhauser]. – Köln
: DuMont, 1988
Einheitssacht.: Leurs tables ‹dt.›
ISBN 3-7701-2250-X
NE: Hinous, Pascal:

Aus dem Französischen von
Anne Baum-Rudischhauser

Titel der französischen Originalausgabe:
Leurs Tables

Satz: Fotosatz Froitzheim, Bonn
Printed in Belgium
ISBN 3-7701-2250-X

VORWORT DES HERAUSGEBERS

Auf der Pénélope-Ausstellung* im Winter 1985 geschah es: Liebe auf den ersten Blick! Es war Liebe auf den ersten Blick für jene so treffenden Nachschöpfungen wie die Abendtafel einer Coco Chanel, das Souper einer Katharina der Großen oder eines Eugène de Beauharnais, die dort gezeigt wurden. Aber gleich darauf tauchte auch die Frage auf: und wie tafeln unsere Zeitgenossen? Jene, die den Ton angeben, die Mode oder die Moden diktieren, jene, die zur Avantgarde gehören und jene, die große Traditionen fortsetzen – wie sehen ihre Tafeln, wie das Dekor ihrer Diners und ihres Frühstückstischs aus? Die Idee für dieses Buch war geboren!
Es folgte die Zeit der Vorbereitungen: Listen von Gastgebern zusammenzustellen war ebenso amüsant und delikat, wie eine Sitzordnung zu entwerfen. Und es gab eine überraschende Entdeckung: Der Tisch als Thema erlaubt die erstaunlichsten, wunderbarsten Variationen, er gibt Anlaß zu originellen Kreationen und bietet der Phantasie unbegrenzte Möglichkeiten. Keine Tafel ähnelt auch nur entfernt einer anderen, einfach deshalb, weil hier jeder in einem von ihm gewählten Rahmen seine eigenen Schätze ausbreitet, seien es nun beeindruckende historische Kunstobjekte oder persönliche Liebhaberstücke.
Wenn in diesem Buch die Tafeln französischer Gastgeber und einiger ausländischer Freunde, die sich in Frankreich niedergelassen haben, gezeigt werden, so ist doch sicher, daß es noch tausend und eine weitere Möglichkeit gibt, einen Tisch zu gestalten. Zweifellos gibt es noch einige Entdeckungen innerhalb und außerhalb unserer Grenzen zu machen...

Arnauld de Fouchier

* Zu Pénélope... siehe Seite 214.

ES IST ANGERICHTET, MADAME!

von James de Coquet

Die Kunst der Tischdekoration beginnt beim Frühstück. Seine Bestandteile müssen auf dem Tablett einer ebenso strengen Ordnung folgen wie das christliche Heer bei der Schlacht von Lepanto. In der rechten Ecke das vordere Glied, die Teekanne: Sie tritt als erste in Aktion.

Hierbei ist an folgenden ehernen Grundsatz der Engländer zu erinnern: »You must bring the tea-pot to the boiler and not the boiler to the tea-pot.« Die Teekanne muß zum Wasserkessel gebracht werden, damit das Wasser gleich nach dem ersten Aufkochen – wenn das Pfeifen ertönt – auf die Teeblätter gegossen werden kann. Das ist ein absolutes Muß.

Links von der Teekanne ist die Tasse plaziert, flankiert von Butter- und Zuckerdose. Hinter diese vorderste Linie gehört in die linke Ecke die Milch. Viele Franzosen glauben übrigens, es sei sehr britisch, die Milch zuerst in die Tasse zu gießen. Das gilt für alle alten Londoner Hausmeisterinnen und viele Sekretärinnen, aber weder für Mrs. Thatcher noch für Lady Di.

Die Speisen werden stets von links nach rechts angeordnet. Jeder bedient sich nach Wunsch. Damit der Toast nicht weich wird, sollte er nicht gestapelt und in eine Papierserviette gewickelt werden. Toastscheiben stellt man in einen Ständer, der nicht unbedingt aus Silber sein muß. Daneben steht ein Schälchen mit Orangenmarmelade. Man kann ihr Konfitüre aus schwarzen Kirschen an die Seite geben.

Welches Porzellan wählt man für ein Teeservice? Minton oder Chantilly, je nach Geschmack. Da gibt es keine festen Regeln. Und wenn man Café au lait bevorzugt? Das ist durchaus nicht verboten, doch sollte man ihn besser aus einer großen Gien-Steinguttasse trinken. Die Orangenmarmelade ist dann vom Tisch zu verbannen und durch Aprikosenkonfitüre zu ersetzen, die dem Café au lait ebenso gut steht wie Elektra die Trauer.

Abgerundet wird das Frühstück durch die Tageszeitung, in Frankreich den Figaro, *und jenseits des Ärmelkanals die* Times. *Ein verheißungsvoller Wetterbericht ist eine vorzügliche Beilage. Man braucht keine Vogelschau zu betreiben, wie es die alten Römer taten, um zu wissen, ob der Tag schön zu werden verspricht.*

Wenn ich in Ascot bin, bei meiner lieben Freundin Lady P..., öffnet ihr Butler, Mister Peabody, nachdem er mein ›kontinentales Frühstück‹ auf das dafür vorgesehene Tischchen gestellt hat, die Vorhänge und sagt: »I think we will have a nice weather.« Er lügt. Wenn es wirklich schön wäre, würde er sagen: »We have a glorious day.« Er meint es auch nicht ernst, wenn er mir wünscht, daß das französische Rugbyteam in Twickenham gewinnt. »Bleiben wir fair, mein lieber Peabody, die Besten sollen gewinnen.«

Soll sich die Ausstattung des Speisesaals nach der Tafel richten oder umgekehrt? Ein unlösbares Problem. Man denke sich einen Mann, dessen ganze Liebe vierundzwanzig seltenen Tellern und einer besonderen Tischdekoration gilt und der aus diesem Grund den Raum umbaut, in dem er bisher sein Lammkotelett verzehrte.

Ein Bewohner des XVI. Arrondissements hingegen, der sich im Marais oder im Quai-Conti-Viertel niederläßt, könnte seinen Geschirrschrank ins Auktionshaus tragen und sich neu einrichten. – Auch Sie müssen wir auf eine Gefahr aufmerksam machen: Im Anschluß an dieses Vorwort werden Ihnen traumhafte Tafeln vorgestellt. Überlegen Sie gut die Konsequenzen, bevor Sie diese Dekorationen nachzuahmen versuchen!

Eine bekannte Pariserin, die sich an ihrem Lebensabend nach Cannes zurückgezogen hatte, besaß eine Geschirrsammlung, die einzigartig in Frankreich, wahrscheinlich einzigartig in der Welt war. Sie konnte einen Mittagstisch mit vierzig Gedecken Sèvres-Geschirr ›feuille de chou‹ anrichten lassen. Ihr weiß-blaues ›Canton‹ wurde auf Vermeil-Platzteller gestellt. Weiter besaß sie ein wunderbares ›Capo di Monte‹-Service vom Feinsten – es hat einst Charles III gehört. Damals wurde ein König von Neapel oder beider Sizilien genauso hinausgeworfen wie heute ein Direktor, wenn die Geschäfte schlecht laufen. Der Exkönig Charles III ging nach Spanien, um sich dort umschulen zu lassen, und nahm seine Porzellankünstler und deren Meister Gricci mit. Aus diesem Grund ist das ›Capo di Monte‹ von Ferdinand IV bei den Liebhabern weniger begehrt. Sagen Sie aber nicht nein, wenn Ihnen ein oder zwei Platten davon angeboten werden.

Die Geschichte der Porzellanbrennkunst ist ein Liebesroman, der von Zwistigkeiten, Trennungen und Verrat handelt. In Neapel nahm man für immer voneinander Abschied, in Frankreich beging man Seitensprünge. In Sèvres gab es eine Werkstatt, in der Hartporzellan hergestellt wurde. Ein Teil der Handwerker kündigte, um in einem Vorort auf der anderen Seite der Stadt eine Manufaktur für ›pâte-tendre‹-Porzellan (Frittenporzellan), das eben erst erfunden worden war, zu gründen. Schon bald fand sich eine Gönnerin, Madame de Pompadour, die selbst wie eines dieser Meißener Figürchen aussah. Sie befand, daß Vincennes von Versailles zu weit entfernt sei, und holte die Hersteller des Frittenporzellans nach Sèvres zurück. Sie wurden im ehemaligen Sommersitz von Lulli untergebracht. Neben der Pompadour stehen in den Auftragslisten der damaligen Zeit Kunden wie Fragonard, die Schwestern Colombe von der Oper, die der Nachwelt in Soisy-sous-Forêt ein bezauberndes Lustschlößchen hinterlassen haben, das heute noch erhalten ist, eine Mätresse des Königs, ein Vertreter der galanten Malerei, zwei Opernsängerinnen. – Ist es nicht reizend, daß das ›pâte-tendre‹-Porzellan in einer von der Liebe regierten Welt seinen Anfang nahm?

Seither sind viele Teller zu Bruch gegangen. Die Liebe dagegen ist unverbrüchlich. Gastgeber wie Gastgeberinnen hegen für alles, was zu ihrer Tafel gehört, ein ausgesprochenes Beschützergefühl. In der Geschirrspülmaschine sehen Sie einen neuen Attila. Der kleinste Sprung im Tellerrand verursacht Ihnen körperliche Schmerzen, denn eine solche Beschädigung läßt sich nicht mehr beheben.

Auf die galante Zeit folgte die Zeit der Revolution und der Schreckensherrschaft. Damit war Schluß mit den Empfängen. Die beste Art, diese Zeit zu überleben, bestand für die Aristokraten darin, vor ihren Stadthäusern Tische aufzubauen, an denen den Sansculotten und dem niedrigen Volk ›durchgehend‹ ein einfaches Essen serviert wurde. Das Aussehen der Teller änderte sich, jetzt spiegelten sie die Wirklichkeit wider. Heute sind die Teller aus der Revolutionszeit sehr wertvoll. Aber damals zügelte das ›Rasiermesser der Nation‹ von ›Dr. Guillotin‹ auch den Appetit.

Von der Vergangenheit darf man sich jedoch nicht zu sehr in den Bann schlagen lassen. Auch wenn Sie ein Gläserservice in Diaboloform besitzen, das noch auf die Zeit vor der Erfindung des Kristallglases zurückgeht, werden Ihre Gäste es vorziehen, den Médoc oder Sauternes aus einem Baccarat-Glas von vorgestern zu trinken.

Was das Geschirr anbelangt, so ist das Limogesporzellan – die berühmten Quarzvorkommen von Saint-Yriex sind noch nicht erschöpft – nicht weniger schön als jenes, welches Turgot benutzte. In Riez, in der Nähe von Moustiers, hat eine große Künstlerin, Simonne Favier, das Geheimnis von Clerissy wiederentdeckt. Die Teller und Platten mit gewelltem Rand und den von Hand aufgetragenen Solanum-Dekors, die sie anfertigt, können sich durchaus mit ihren Vorgängern messen.

Eine Tafel spiegelt die Laune des Augenblicks wider. An einem Abend versammelt man seine Freunde um einen Tisch, der mit einem ehemaligen Bettüberwurf aus bedrucktem Baumwollstoff gedeckt ist, und am nächsten Tag wartet man mit einem Tisch auf, auf dem über einem Molleton eine rosafarbene Satin- und eine geblümte Organdidecke ausgebreitet sind.

Sagen Sie sich, daß die wunderbaren Tafeln, die Ihnen in diesem Band begegnen werden, nicht so unabänderlich sind wie das ›Déjeuner sur l'herbe‹ von Manet. Sie laden sogar zu Variationen ein, denn sie sind immer Ausdruck einer ganz bestimmten Stimmung.

Inhalt

Frühstück

Mittagessen

Mittags im Büro

Nachmittags

Selbstgespräch und Tête-à-tête

Am Abend

Festliche Diners

Später . . .

Doppeltes Spiel

Frühstück

JACQUES GRANGE

Brunch unter dem Glasdach der Colette

Jacques Grange hat viel zu viel Sinn für die Schönheit eines Ortes, um nicht dessen Geist und Geschichte zu würdigen. So hat ihn sicher auch kein Zufall, sondern eher ein notwendiges Schicksal in die ehemalige Wohnung der Colette im Palais-Royal geführt. Einleuchtend, wenn man weiß, daß die besondere Vorliebe des Innenarchitekten den Jahren des Übergangs vom 19. ins 20. Jahrhundert gilt. Atmosphäre und Kontraste, das sind die Schlüsselbegriffe für diese in gedämpften Tönen gehaltene Umgebung, in der die Tafel für den Brunch gedeckt ist. Jacques Grange versammelt hier englische Stühle von 1910 und einen zusammenklappbaren Konsoltisch aus Mahagoni, einen türkischen Buchara-Tischläufer, russische Paravents aus Ebenholz und Kupfer (19. Jahrhundert) und einen belgischen Lüster von 1910, eine Kunstschmiedearbeit von Bovy. Auch das Gedeck ist eine freie Zusammenstellung: Gien-Teller (1900) mit dem Wappen von Diane de Poitiers und Henri II, Primavera-Tassen aus dem Jahr 1930, ein englischer Eierständer aus Buchsbaumholz, Servietten aus Marrakesch. Das Bild ›Interieur mit Gegenständen von Sarah Bernhardt‹ von Louise Abbema ist ein Zeichen für Jacques Granges Liebe zum Theater, während der Zauberspiegel, der den gesamten Raum als Vexierbild reflektiert, einen Eindruck von der Faszination vermittelt, die perspektivische Spielereien und optische Täuschungen auf den Hausherrn ausüben.

H

BARONIN
SYLVIA DE WALDNER

Tagesanbruch

Die Tageszeitung, die mit dem Frühstückstablett gebracht wird, ist mit einem rosaroten Seidenband umwunden. So hübsch verpackt können die Nachrichten des Tages nur gut sein! Ist es aber nicht auch ein Symbol für den hohen Grad an Raffinesse, der jedes Detail im Leben der Sylvia de Waldner auszeichnet? Einer Raffinesse, für die die Ausstattung ihres Zimmers und die Präsentation ihres Frühstücks das beste Beispiel bieten. Das Deckchen auf dem Frühstückstablett ist aus Organdi und die Servietten aus Leinen. Sie sind in einem der Persisch-Blautöne des Baldachins mit dem gleichen Monogramm bestickt wie die Bettwäsche (Sylvia de Waldner hat eine ausgeprägte Vorliebe für Wäsche, die sie in Florenz aussucht). Ihren Tee trinkt sie aus Tassen eines englischen Service mit Veilchenmuster, und ein Sträußchen Teerosen garniert diesen Augenblick der Ruhe, dem ein lebendiger Tag folgen wird, mit einem Hauch von Frische.

de la prostate : l'in
LE FIG
Conseil des ministres
le no

GRÄFIN FRANÇOISE D'ORMESSON

Weihnachtsmorgen

Am Weihnachtsmorgen bereitet Françoise d'Ormesson ihren Lieben immer eine wunderbare Überraschung. Mit der ihr eigenen Zurückhaltung und Diskretion lädt sie zu einem himmlischen Frühstück, das so raffiniert wie schlicht ist. Der Tisch, mit einer Papiertischdecke gedeckt, ist am offenen Kamin im kleinen Salon angerichtet: eine prächtige Symphonie in Grün, Rot und Weiß, nach schönster Weihnachtstradition, mit einem großen Blumenstrauß aus Freesien, roten Rosen und Viburnumzweigen, Mintontassen aus dem 19. Jahrhundert, englischem Silber, einem Saftkrug aus dem Frankreich der Jahrhundertwende. Das alles ist ein feinsinniges Spiel zwischen Papier und Silber, Vergänglichem und Beständigem... hier die Stimmung eines Tages, dort die Tradition. Das flackernde Kaminfeuer und die mit Glanzpapier und roten Satinschleifen verpackten Geschenke tragen zum Gelingen dieser entzückenden Improvisation zu dem fröhlichen Thema Weihnachtsmorgen bei.

Joyeux Noël
Joyeux Noël

GRÄFIN BRANDOLINI D'ADDA

Frühstück in Rosa

Teekannen, Potpourri, Bücher, Antiquitäten – diese Mischung zeugt von mehr noch als einem Savoir-faire, sie ist eine wirkliche Kunst und zugleich die bevorzugte Ausdrucksweise der Gräfin Brandolini d'Adda. Ihre Lieblingsfarbe Rosa durchzieht leitmotivisch die Sammlung von Kunstgegenständen und Möbelstücken aus verschiedenen Ländern und Epochen. Die Frühstückstafel in dem von Mongiardino gestalteten Zimmer, das als Küche und Eßzimmer dient, ist eine Komposition erlesener Prachtstücke. Rosa Porzellan aus der eigenen Sammlung, eine Kaffeekanne von Tiffany, venezianische Gläser in russischen Glashaltern, französische Teller aus dem 19. Jh. von Klotz, all das ist auf einem englischen Tisch mit Marmorintarsien angerichtet, den englische Stühle im gotischen Stil umgeben. Kunstobjekte und Reiseandenken stehen gleichberechtigt nebeneinander – das Ergebnis kann sich sehen lassen: ein glänzender Anschauungsunterricht in Sachen Frühstück!

Mittagessen

PHILIPPE VENET

Zwischen den Ufern

Durch einen Laubengang erblickt man auf der einen Seite einen Kanal, auf der anderen das Schwimmbecken. Philippe Venet liebt die stimmungsvolle Atmosphäre des einen, die entspannende des anderen, und er genießt am Wochenende das Frühstück zwischen beidem. Alles daran ist natürlich und ausgewogen. Nur Stroh, Holz und Naturfarben wie Blattgrün und Sonnengelb finden Verwendung, und jedes Motiv scheint ein Thema aus dem Garten wieder anklingen zu lassen: aus Stroh geflochtene Tischsets, gelb marmorierte Teller, goldrandverzierte Gläser aus Venedig, Besteck mit einem Dekor aus Bambus in vergoldeter Bronze, grüne Leinenservietten. Für den Blumenschmuck hat Philippe Venet erst am Morgen einige Rosen aus seiner Sammlung ausgewählt: Iceberg, Madame Meilland, Marrakesch und Champagne.
Wie das Mittagessen eine Mahlzeit ist, die zwei Tageszeiten verbindet, so erscheint die köstlich gedeckte Tafel als Brücke zwischen zwei Ufern.

FRANÇOIS CATROUX

Die Kamelientafel

Für dieses Essen im trauten Kreis hat François Catroux in der neoklassizistischen Bibliothek anrichten lassen: Männliche Eleganz bestimmt die Atmosphäre; das dominierende Mahagoni wird durch zartrosa Kamelien aus dem Garten, die in silbernen Bechern arrangiert sind, aufgehellt. François Catroux, der bei seinen Reisen oft den Atlantik überquert, hat die Teller und die große japanische Schale von Bloomingdale's mitgebracht und dekoriert sie hier ganz einfach auf Leinensets mit blauweißem Weidenmuster.
Das Mahl wird vor einer gediegenen Kulisse eingenommen: Das Magahoni der Bibliothek, des Tisches und der Stühle der Serie ›Retour d'Egypte‹ von Demay, der Lack der Paravents von Coromandel und der Marmor des Kamins vereinen sich zu einem vollkommen harmonischen Bild. Bei der Gestaltung des Bodens wußte der Innenarchitekt Gegenwart und Vergangenheit meisterhaft in Einklang zu bringen: Der Teppichboden ist eine warme Variante jener Fliesenböden, die, ähnlich gemustert, in Wohnungen des 18. Jahrhunderts häufig zu finden waren. Zweifellos wetteifern in diesem Raum sinnlicher und geistiger Genuß miteinander um die höchste Gunst.

MANUEL CANOVAS · PARIS

JEAN SCHLUMBERGER

Inmitten vertrauter Gegenstände

Wer nimmt schon ohne Herzklopfen bei Tiffany den Aufzug, der zur Wohnung von Jean Schlumberger hinaufführt? So viele phantasievolle und raffinierte Kostbarkeiten, Dosen und Schmuckstücke hat dieser einzigartige Künstler hier entworfen, der Gold mit Halbedelsteinen oder Edelsteinen in einer Art zu verbinden wußte, wie es vor ihm noch keiner gewagt hat. In der jetzigen Wohnung von Jean Schlumberger ist das Eßzimmer ganz in Weiß gehalten, mit langen weißen Baumwollvorhängen, die bis auf den Boden fallen. Es bildet den schlichten Rahmen für eine Tafel, die jeden in Entzücken versetzt. Wahrhaftig, man weiß nicht, welches Stück man hier vor allem bewundern soll – die vergoldeten Bronzeglöckchen aus dem frühen 19. Jahrhundert oder die Salzstreuer mit versilberten Tierköpfen, das Besteck aus weißem Porzellan aus Sheffield, das Syrie Maugham entworfen hat, oder die Zigarettendose aus Porzellan mit einem Trompe-l'œil-Malachit. Und die Dosen von Jean Schlumberger – wie wohlakzentuierte Viertelpausen in einer Partitur! Allein ihr Anblick läßt tausend Vorwände erfinden – Zigaretten, Pillen, Manschettenknöpfe oder Anstecknadeln –, die ihren Gebrauch rechtfertigen. Batiktischdecke, chinesische Teller aus dem 19. Jahrhundert mit Krabbenmuster, Trinkbecher mit Vieux-Baccarat-Mattschnitt: eine Tafel, die die Kunst Jean Schlumbergers widerspiegelt, eine Tafel, die ein Selbstbildnis ganz besonderer Art ist.

HENRY CLARKE

Kunst der Komposition

Wenn man wie der Fotograf Henry Clarke sein Leben lang die Welt durch das Objektiv betrachtet hat, dann besitzt man schließlich ein solches Gespür für Komposition, daß schon wenige Gegenstände, das kleinste Gartenbeet und der schlichteste Hintergrund sich scheinbar wie von selbst zu einem Bild zusammenfügen. In seinen Aufnahmen hat Henry Clarke immer dem Motiv den Vorrang eingeräumt, stets darauf bedacht, ein ihm anvertrautes Kleid zur Geltung zu bringen, anstatt sich selbst in Szene zu setzen. Die gleiche Unaufdringlichkeit und Zurückhaltung zeigt sich auch bei der Gestaltung dieser frisch zubereiteten Sommermahlzeit in der überwölbten Loggia seines einzigartigen Wohnsitzes. Die Umgebung des Hauses, das früher die Bruderschaft der ›Schwarzen Büßer‹ beherbergte, fällt nach allen Seiten hin leicht ab; Loggien geben den Blick frei auf den Felsen von Monaco und zugleich auf einen wundervollen Garten mit gestutzten Buchsbäumen, Zitronen- und Orangenbäumen und Jasminsträuchern. Als Tischtuch des von provenzalischen Stühlen im Stil Louis XVI eingerahmten Tisches dient eine portugiesische Tagesdecke aus Baumwolldamast. Darauf finden sich Nevers-Teller, Biot-Gläser, eine silberne Pfeffermühle aus dem Jahr 1900, Besteck aus weißem Porzellan und Sheffieldstahl, entworfen von Syrie Maugham. Mitten auf dem Tisch präsentiert der Hausherr in einer mexikanischen Pyramide einige Exemplare aus seiner Muschelsammlung. Bei einem Mittagessen hat man hier in Gedanken weniger die ›Schwarzen Büßer‹ vor Augen als vielmehr ein elegantes Modell aus einem Fotoband von Henry Clarke.

HERZOG UND HERZOGIN DE MOUCHY

Mittagessen auf Haut-Brion

HAUT
BRION

Ob Talleyrand auf Haut-Brion gelebt hat, läßt sich nicht mit Bestimmtheit nachweisen. Sicher ist aber, daß die Kunst seiner Diplomatie in den großen Weinen dieses Weingutes eine Unterstützung ersten Ranges gefunden hätte! Heute halten der Herzog und die Herzogin von Mouchy das Geschick dieser Graves- und Médoc-Spitzenweine in den Händen. Die Herzogin von Mouchy ließ Haut-Brion so instandsetzen, daß es wieder seinen ursprünglichen Charakter erhielt. Lebhaftes Treiben herrscht auf dem ganzen Besitztum, und gewöhnlich werden zahlreiche Gäste zum Mittagessen erwartet. Kleine Tische mit sechs bis acht Gedecken sind um ein Buffet angeordnet, auf dem ein Bacchus aus Steingut aus dem 18. Jahrhundert mit der Inschrift ›Haut-Brion‹ thront. Auf bedruckten Baumwolltischdecken sind Wedgewood-Teller aus den dreißiger Jahren und Gläser, in die das Monogramm von Haut-Brion eingraviert ist, gedeckt. Haut-Brion – ein Name, der für die Diplomatie von Talleyrand bis Douglas Dillon steht! Der Herzog und die Herzogin von Mouchy setzen diese große Tradition fort, indem sie dem Anwesen in vornehmer Zurückhaltung ein Gepräge eleganter Schlichtheit zu verleihen wissen.

RENA DUMAS

Picknick unter dem Himmel von Paris

Rasen und gestutzte Buchsbaumhecken sind die einzigen Pflanzen auf dem Dachgarten: Rena und Jean-Louis Dumas haben es vorgezogen, dem wechselhaften Himmel von Paris und den Bauwerken, die man von hier aus sieht – Invalidendom, Place de la Concorde, Oper ... – die Starrolle zu überlassen. Sei es nun der Wunsch, andere an ihren Träumereien über die Wolken oder an ihrer Begeisterung für diese wunderbare Aussicht teilhaben zu lassen – Rena Dumas ist jeder Vorwand recht, um Freunde zu einem Picknick auf der Dachterrasse einzuladen, sobald das Wetter es erlaubt. Sie empfängt sie auf japanische Art: Man sitzt auf Matrazen und Kissen mit Drillichbezug auf dem Boden um einen sehr flachen Tisch. Die Chintzdecke wirkt beinah wie ein zusätzlicher Rasen, den Rena mit ihrem ausgeprägten Sinn für Veredelung gern mit einigen Tukanen, auf Porzellanteller aufgemalt, schmückt. Hier wird wirklich Picknick gespielt, mit Körben und Dosen aus einem wundervollen Picknickkorb des Goldschmieds Keller, mit Zinnbechern, Porzellan und Silber. Primeln bringen dieses Camaieu in Grün zum Klingen – die Schalen, in denen sie arrangiert sind, stammen aus Madras. Nach diesem himmlischen Mahl bleibt nur, sich für ein Weilchen in die Kissen zurückzulehnen, um die Schafe zu zählen ... an diesem Himmel voll Muße mitten in Paris.

ANNE-MARIE DE GANAY

Lunch mit Blumen

Anne-Marie de Ganay, die eine mindestens ebenso leidenschaftliche Antiquitätensammlerin wie Innenarchitektin ist, liebt es, ihre Tafel um ihre letzten Errungenschaften herum zu decken. Die Tapete aus grün-rosa Chintzstoff mit heiterem Frühlingsdekor gibt die Farben für das Gedeck vor: Tafelsets aus Organdi in Weiß und Rosa, handbemalte Teller mit prächtigem Blumendekor, Familiensilber, ein Ständer für Essig und Öl aus dem 18. Jahrhundert, Glasglocken, kleine Töpfe mit Helciniumpflanzen, Gläser mit weißen oder rosafarbenen Kelchen, Régence-Kerzenständer, ein Krug von Gallé. In der Mitte des Tisches thront in üppiger Fülle ein Trompe-l'œil-Kohlkopf. Der Mahagonitisch, die weiß lackierten Stühle und das Bild von Ribemont-Dessaignes tragen zum Gelingen dieser vielversprechenden Atmosphäre bei, die wie geschaffen ist für ein Sonntagsessen vor einem Pferderennen.

MONSIEUR UND MADAME VAN DER KEMP

Zu Mittag bei Monet

Hier in Giverny kann sich derjenige, der die Zeit zu vergessen weiß, ausmalen, Monet persönlich habe ihn zum Mittagessen eingeladen, so sehr hat es Gérald van der Kemp verstanden, die Spuren der Vergänglichkeit und des Vergessens zu verwischen. Man kann sich heute kaum noch vorstellen, in welch verwahrlostem und verfallenem Zustand er Haus und Garten vorgefunden hat. Mit Hilfe von Überresten der Einrichtung, Fotos und Bildern von Monet ist alles bis ins kleinste Detail wieder hergerichtet worden: Wände, Decken, Möbel und Stühle sind wieder in den zwei ursprünglichen Gelbtönen gestrichen worden; die blauen Porzellanteller und die japanischen Farbholzschnitte von Hiroshige, Utamaro und Hokusai nehmen wieder die Plätze ein, die der Maler ihnen einst zugedacht hatte. Und der Garten, den er so gehegt und gepflegt hat und von dem er mehr als von seinen Bildern sprach, erstrahlt heute wieder in seiner ganzen Farbenpracht; davon hat sich Madame van der Kemp bei ihrer Tischdekoration inspirieren lassen, der sie eine persönliche Note zu verleihen weiß – mit den roten Rosen aus dem Garten, die sie in Flötenvasen aus dem 18. Jahrhundert dekoriert, mit dem amerikanischen Besteck oder der Sammlung chinesischer Katzen aus Porzellan, an denen Monet sicher Gefallen gefunden hätte. Auf einem Tischtuch mit venezianischer Hohlsaumstickerei kommt das blau-gelbe Service des Malers, das in Limoges nach der Vorlage einiger übriggebliebener Stücke vollständig nachmodelliert wurde, hervorragend zur Geltung. Trugbild oder Neuschöpfung… fast wartet man auf das Erscheinen der Köchin Marguerite, die Monet den Salat bringt, den er immer selbst angemacht und mit schwarzem Pfeffer gewürzt hat.

LADY MOSLEY

Das Beste zweier Welten

Lady Mosley (geborene Diana Mitford) bewohnt in Orsay ein prachtvolles Bauwerk, den ›Ruhmestempel‹, der im Jahre 1800 von dem Architekten Vignon für den General Moreau, den Sieger von Hohenlinden, erbaut wurde. Das Lustschlößchen schmiegt sich an einen Hügel, dessen Hänge sanft zu einem See hin abfallen. Die Anlage verbindet in harmonischer Weise einen Garten im französischen Stil mit einer englischen Parklandschaft – und Lady Mosley kombiniert nach wie vor das Beste dieser beiden Welten. Im Eßzimmer, vor einer Büste von Lord Chatham, steht ein Empiretisch aus Mahagoni. Englisches Silber und Tischsets gesellen sich zu Keramiktellern, Fingerschalen aus grünem Glas, einem Salzstreuer und einer feuervergoldeten Ananas aus Augsburg. Die schönen ›Directoire-de-Modène‹-Stühle tragen ihre blaugoldene Originalbemalung. Das ganze Dekor ist ein schönes Beispiel europäischer Denkart!

CLAUDE UND FRANÇOIS-XAVIER LALANNE

Poetische Garten-Phantasie

Humor mit Liebe, Poesie mit einem Hauch von Ironie und liebevolle Respektlosigkeit gegenüber der Zweckmäßigkeit von Dingen: In einer solchen Laune improvisiert Claude ein bukolisches Tête-à-tête in ihrem Garten! Fauna und Flora sind dazu eingeladen – Landleben verpflichtet! – jedoch, um nach Lalanne-Art überprüft und verbessert zu werden. Die Schafe – Sitzgelegenheiten, die François-Xavier in dieser Form geschaffen hat – beobachten währenddessen von weitem die Szenerie. Auf dem Tisch des Bildhauers unterstreichen zwei Sèvres-Teller, die die Abendessen mit Freunden überlebt haben, den vollkommen surrealistischen Charakter des Silberbestecks, das Claude im Jahr 1966 für eine Ausstellung bei Alexandre Iolas entworfen hat. Surrealistisch wirken auch die kleinen Bronzefüße für Salz und Pfeffer und der Karaffenstöpsel aus vergoldeter Bronze: das kleinste Schaf von François-Xavier. Die Bronzestühle, von Claude für das Museum in Williamsburg kreiert, lassen an Palmenblätter denken, in denen sich Vögel eingenistet haben. Welch wundervolle Dreistigkeit liegt in dieser Rückkehr zur Natur à la Lalanne, und welch gute Arbeitsteilung haben sie geschaffen: Er ist für die natürliche und phantastische Tierwelt zuständig, sie für Pflanzen und mythische Flora!

YVES VIDAL

Ostereier

Narzissen, Eier, kleine Aufmerksamkeiten: wenn Yves Vidal einige sehr gute Freunde zu einem österlichen Mittagessen einlädt, so läßt die liebevolle Bewirtung eine charmante Phantasie erahnen. Jeder Gast findet an seinem Platz ein Schokoladenei, das mit einer Narzisse geschmückt ist und ein Geschenk in sich birgt! Noch mehr Eier und Narzissen in einer silbernen Punschschale bilden den Blickfang – wie eine Huldigung an das Erwachen des Frühlings. Charles Sévigny, der für Yves Vidal den Tisch gestaltete, hat ihn mit einem wunderbaren alten Jacquardstoff aus Mitteleuropa bedeckt. Zu der schlichten Dekoration von Eiern und Narzissen kontrastieren englisches Geschirr, Dosen, Muscheln, Salzstreuer und Silberbesteck. Zu jedem Gedeck gehören zwei einem Modell im Stil Louis XVI nachgeformte mundgeblasene Gläser, beide gleich hoch, um denen, die Wasser ebenso gerne trinken wie Wein, eine Freude zu bereiten! Yves Vidal, der die meiste Zeit in York Castle in Tanger lebt, hat sein kleines Pariser Appartement mit seinen liebsten Schätzen ausgestattet und führt damit auf meisterhafte Weise eine alte Wahrheit vor Augen: Nicht mit Neuerwerbungen, sondern mit Dingen, die man schon seit jeher geliebt hat, werden die schönsten Häuser eingerichtet.

PHILIPPINE DE ROTHSCHILD

Der Zauber von Mouton

Wenn man den ›Großen Salon‹ von Mouton betritt, erlebt man einen einzigartigen Augenblick: Die Schönheit der durch die Fensterbögen akzentuierten Proportionen, der Kontrast zwischen weißen Wänden und Objekten mit magischer Ausstrahlung, der Boden aus Keramik- und Marmorfliesen nach dem Vorbild eines Palastes in Mantua nehmen den Betrachter gefangen. Auf Mouton gibt es kein gesondertes Eßzimmer: Philippine de Rothschild läßt im ›Großen Salon‹ je nach Anzahl der Gäste mal hier, mal dort anrichten. Auf dem korallfarbenen Leinentischtuch sind die außergewöhnlichen Teller des Sèvres-Service aus der Revolutionszeit arrangiert: Es wurde damals mit Lambrequin-Muster in den Farben der Trikolore gefertigt. Baronin Pauline sammelte Teller, die ihr gefielen, mit solcher Hingabe, daß sie sich morgens das Tellerinventar vorlegen ließ, um aus dem Creil- und Montereau-, dem Sarreguemines- oder dem Alt-Bordeaux-Geschirr das Gedeck auszuwählen, das an diesem Tag für Käse und Dessert verwendet werden sollte. Ein Relief mit Jagdmotiven schmückt das aus dem 19. Jahrhundert stammende englische Besteck aus Vermeil und Silber. Papyrus, die Rose ›Madame Meilland‹ und Schmuckkörbchen sind einzeln in kleinen japanischen Vasen dekoriert.
Die Art, den Wein zu kredenzen, hat auf Schloß Mouton Rothschild eine eigene Tradition: Er wird in Karaffen serviert, die eigens für Baron Philippe in Venedig hergestellt wurden. Sie stehen niemals auf dem Eßtisch, sondern daneben auf japanischen Lacktischchen. Um den Hals der Karaffe ist ein Taschentuch geschlungen, in Erinnerung an einen Brauch aus Kriegszeiten: Da man keine Seife hatte, um die Tischtücher zu waschen, umwickelte man die Karaffe mit einem Taschentuch als Tropfenfänger. Das bordeauxrote Taschentuch lebt fort: Mouton verpflichtet! (Und so lautet auch die Devise des Schlosses.)

GRAF UND GRÄFIN DE MOUSTIER

Jagdpause

Wenn bei den Moustiers in Caulaincourt zur Jagd gerufen wird, ist selbstverständlich keine Rede davon, daß man sich zwischendurch zu einem großen Essen an den Tisch setzt. Dazu sind die Tage zu kurz. So wird in einer Allee Feuer gemacht und eine Tischplatte auf Holzböcke gelegt. Der Maître d'Hôtel ist beladen mit Thermoskannen und großen Körben in seinem Landrover hergekommen und hat das fertige Menu mitgebracht, das dem Anlaß angemessen und nach traditionellem Rezept zusammengestellt ist: heiße Bouillon, Pot-au-feu, als Käse ein Maroilles aus der Gegend, zum Dessert Conversations de Saint-Quentin, kleine Blätterteigtörtchen mit Marzipanfüllung, und stets ein großer Wein! Das köstliche Mahl wird ganz schlicht in Arcopal-Geschirr serviert. Die Kulisse zu dieser Rast bildet das Schloß von Caulaincourt, das 1930 auf den Trümmern eines im Ersten Weltkrieg zerstörten Herrensitzes errichtet worden ist. André Beloborodoff, der Architekt, Designer, Grafiker und Innenarchitekt, der auch die gesamte Einrichtung von Caulaincourt entworfen hat, ist ein ungewöhnlicher Künstler, der nur zwei oder drei solcher Gebäude geschaffen hat. Ein Palast im Stil Palladios, von einem Russen entworfen und in der Picardie gebaut: Ob nun diese weit auseinanderliegenden Welten zusammengebracht werden sollen oder ob ohne großen Aufwand ein Mittagessen im Freien improvisiert wird – die Moustiers wissen jedem Ereignis vollendete Eleganz zu verleihen.

DICK DUMAS

Ein Farbenkarussell

Das Anwesen von Dick Dumas hat eine interessante Geschichte. Dieses Haus, nahe dem mittelalterlichen Städtchen Oppède-le-Vieux, ist ein ehemaliges Ausflugscafé. Dick Dumas, der in dieser Gegend, die er leidenschaftlich liebt, oft spazierenging, erfuhr eines Tages, daß das Café zum Verkauf anstand. Heute ist es im von Dick Dumas bevorzugten ›country look‹ eingerichtet. Der Mittagstisch ist im Wintergarten vor großen Glasfenstern angerichtet, die teilweise von Lorbeersträuchern verdeckt sind. Eine wahre Symphonie an Farben entfaltet sich vor dem Hintergrund einer Souleiado-Tischdecke in Blau-, Grün-, Rot- und Gelbtönen, Farben, die in den verschiedenen Teilen des Gedecks wieder aufgenommen werden: gelbe Teller mit Kirschendekor, die nach der Vorlage eines Steingutgeschirrs aus dem 18. Jahrhundert aus Aix angefertigt wurden; grüne Servietten, die um die Flaschen gebunden und kunstvoll in den hohen Gläsern drapiert sind, grüne kleine Steingutteller aus Apt, auf denen die tiefrot lackierten Schalen stehen. Blau, Gelb und Grün kehren auch in der Dekoration in der Mitte des Tisches wieder: ein üppiges Arrangement mit Zitronen, Lorbeerzweigen und Trauben in einer großen, flachen Blumenschale. Erwähnenswert sind auch die antiken plattierten Windlichter im Stil Louis XIV und die Stühle im Régencestil mit gestreiften und hinten geknöpften Schonbezügen aus Leinen. Zur Abrundung dieses harmonischen Bildes serviert Dick Dumas eine kalte Suppe aus Mais und gelber Paprika: ein wunderbar sattes Gelb mit einem Schuß Crème fraîche!

ISABELLE D'ORNANO

Mittagessen für Freundinnen aus New York

Für Isabelle d'Ornano reimt sich Überfluß mit Glück. Ihr Eßzimmer, als ›family room‹ bezeichnet und mit Gegenständen und Bildern überreich bestückt, ist das eigentliche Herzstück des Hauses. Eine persische Stofftapete mit ausladendem Rankenmuster bildet den Hintergrund für eine Sammlung von Fotografien, Medaillons und Porträts von Mitgliedern der Familien Potocki, Radziwill und Ornano. Gegenüber zeigen Aquarelle von Serebriakoff die Familiensitze, die Palais der Potockis und der Radziwills. Französisches und russisches Silber funkelt in dem Wandschrank im Stil Louis XV. An einem runden Tisch, der die Konversation erleichtert, versammelt Isabelle d'Ornano gerne sechs bis acht Personen zum Essen. Für mehr Gäste läßt sie ein Buffet aufbauen. Kein Blumenschmuck, dafür aber ein Hauch Eau de Campagne belebt das Zimmer. Auf dem Tisch, dessen Decke aus demselben Stoff gemacht ist wie die Wandbespannung, tummeln sich die schönsten Schätze: Silber von Odiot mit dem Wappen der Potockis (plastisch herausgearbeitet, nicht eingraviert), eine Sammlung von Meißener Figürchen aus der Kendler-Periode, die polnische Würdenträger darstellen, Bronzen von Barye. Gläser und Porzellan tragen das Potocki-Ornano-Monogramm. Diese himmlisch einladende Atmosphäre muß den Freundinnen aus New York, die bei Isabelle d'Ornano ihre erste Zwischenstation in Europa machen, unvergeßlich bleiben.

Mittags im Büro

PRIMROSE BORDIER

Ein Hauch von Zen

Für ein Brainstorming mit ihren Mitarbeiterinnen läßt sich Primrose Bordier durch japanische Tischkultur inspirieren. Klare Linien, Sachlichkeit, Ästhetik, das sind die Schlüsselworte für dieses Arbeitsessen, bei dem die Muster für eine neue Porzellankollektion besprochen werden sollen. Auf dem Marmortisch des Sitzungssaals hat Primrose orientalische Gegenstände und Kreationen des Hauses zusammengebracht: flache Körbe von den Philippinen als Platzteller, kleine Körbchen, in denen in Japan vorgewärmte Servietten gereicht werden, für das Brot, fischförmige Bänkchen für die Eßstäbchen, Schalen aus japanischem Porzellan und von ihr entworfene Gläser und Teller mit Pinselstrichdekor. An jedem Platz steht ein Sträußchen mit weißen Alpenveilchen... denn Primrose glaubt an ein Glück im Büro. Zweifellos inszeniert sie ihr Arbeitsessen aus diesem Grunde ein wenig nach Art der feierlichen und vollendeten Teezeremonie im traditionellen Japan.

ALAIN-DOMINIQUE PERRIN

Ein Muß!

Alain-Dominique Perrin ißt eigentlich jeden Tag in seinem Büro zu Mittag... Warum auch anderswo kostbare Zeit vergeuden, wenn man im Hause Cartier, in dem mit Bergahorn getäfelten Speisezimmer ›30‹ Gäste und Mitarbeiter empfangen kann? Ein solches Essen bietet hervorragend Gelegenheit, die neuesten Kreationen des Hauses zur Geltung zu bringen! Auf dem lackierten Tisch in Bordeauxrot – der Farbe von Cartier – ist das Lieblingsgeschirr des Generaldirektors auf passenden Sets gedeckt, die mit dem Panthermotiv des Service bestickt sind. Gedecke, Gläser, Becher... alles, was das Markenzeichen dieses Hauses trägt – auch Einrichtungsgegenstände gehören inzwischen dazu –, ist sorgfältig aufeinander abgestimmt: eine gute Idee, die Alain-Dominique zweifellos bei einem Mittagessen im Büro gekommen ist...

ANDRÉE PUTMAN

Schwarz auf Weiß

Andrée Putman, eine Frau, die viel leistet und von Termin zu Termin eilt, verwendet nicht gerne viel Zeit aufs Mittagessen. Außerdem macht es ihr Spaß, ein Essen im Showroom mit Möbeln und Gegenständen, die sie für Ecart International kreiert oder vertreibt, zu improvisieren, ohne dabei jedoch auf die für sie typische professionelle Strenge zu verzichten. Der Tisch (den Jacques-Henri Lartigue als Achtzehnjähriger für sein eigenes Zimmer entworfen hatte) ist mit Tellern in Mosaikdekor, Kaffeetassen mit Schachbrettmuster und Besteck aus Silber und Kristall gedeckt. Das Ganze ist streng in Schwarz und Weiß gehalten, zugleich aber mit einer Prise ursprünglicher, den Kindern eigenen Phantasie gewürzt: Schmetterlinge flattern auf den weißen Rosen, die Andrée Putman auf dem Markt gekauft hat, die Silberschale von Jean Puiforcat ist mit Lukumis gefüllt: Solche unerwarteten Details gehören zu diesem Dekor ungefähr so wie Parfum ... zu der Dame in Schwarz!

Nachmittags

MADAME

Inmitten von Familienerinnerungen

Achtet man so genau darauf, ob es nun chinesischer oder ceylonesischer Tee ist, wenn man ihn bei Madame einnimmt? Hier, unter den Porträts von Louis-Philippe und Henri IV erzählt jeder Gegenstand, jedes Möbelstück, jedes Bild von der Geschichte Frankreichs, von der Geschichte einer Familie. Der Tee, welche Sorte auch immer, wird in weiß-goldenen Porzellantassen, die mit dem Familienwappen geschmückt sind, serviert. Sie wurden nach einem Entwurf der Prinzessin Chantal von Frankreich von Tiffany hergestellt. Das Silbertablett mit der Teekanne, der Zuckerdose, dem Sahnekännchen und dem schlichten Rosensträußchen ist auf dem Aquarelltisch von Marie-Antoinette, der aus der Werkstatt von Riesener stammt, abgestellt. Achtet man so genau darauf, ob es nun chinesischer oder ceylonesischer Tee ist...

DIANE UND ALEXANDRA DE CADAVAL

Kinderfest

Diane und Alexandra wären sicher traurig, nach diesen langen, wunderbaren Ferien in Portugal nach Paris zurückzukehren, wäre da nicht die Vorfreude auf das Wiedersehen mit den Freunden Tiphaine und Raphaëlle, Julie und Cornelia, Guillaume und Alexis, Luisa und Laura! Zu den ganz wichtigen Ereignissen nach der Rückkehr gehört deshalb die Einladung zu einem Kinderfest, das inzwischen ein richtiges Ritual geworden ist, so daß die Herzogin von Cadaval all das aus New York mitgebracht hat, was notwendig ist, um ein überschäumend fröhliches Dekor zu zaubern: Tischdecke und Servietten aus Papier, Teller und Trinkbecher aus Pappe, alles ist über und über mit Katzen und bunten Luftballons bedruckt! Ein richtiges Fest ist das, mit Bändern, Girlanden, Spitzhütchen, Überraschungen und zur Krönung des Ganzen eine riesige Torte, die wie die übrige Tischdekoration mit Katzen und Luftballons verziert ist! Pfefferminzsirup und Orangensaft bilden die fruchtigsäuerliche Ergänzung zu dieser mit liebevoller Sorgfalt gedeckten Tafel. Dieses Bild fröhlichen, phantasievollen und poetisch wirkenden Humors wird die Erinnerung von Diane und Alexandra noch lange verzaubern.

FRANÇOIS DURET-ROBERT

Nachmittagskaffee bei Großmutter

Der Kritiker und Journalist François Duret-Robert gilt als intimer Kenner der Kunst im weitesten Sinne. Wenn er die nachmittägliche Kaffeetafel seiner Großmutter noch einmal ins Leben ruft, so rechnet man beinahe mit einer perfekten Lektion in Kunstgeschichte. Doch weit gefehlt – denn seine Leidenschaft für schönes Geschirr um 1900, besonders aber das Spiel mit Erinnerungsstücken und Reminiszenzen machen das Wesen dieser poetischen Beschwörung aus. Damasttischdecke, Teller aus Majorelle, ein versilbertes österreichisches Kaffeeservice, Gläser und Wasserkaraffe von Gallé, Silberbesteck um 1900, englische Tassen, Baumwollservietten, eine doldenförmige Lampe von Maurice Bouval schaffen eine einladende Atmosphäre. François Duret-Robert scheint Zugang zu haben zur ›wiedergefundenen Zeit‹ und zur ›Betrachtung der Wesenheit der Dinge‹ – so wie Proust, wenn er erzählt, wie das Schneidegeräusch eines Messers oder der Duft von heißem Kräutertee es vermochten, aus seinem Zimmer das seiner Tante Léonie zu machen . . .

HERZOGIN DE SABRAN-PONTEVÈS

In der Küche von Ansouis

Das Schloß von Ansouis, das mit seinen fünf Terrassen, die mit gestutzten Eiben bepflanzt sind, hoch über dem Aygues-Tal in der Vaucluse liegt, ist eine alte Festung aus dem 10. Jahrhundert, die im 16. und 17. Jahrhundert großzügig umgebaut wurde. Die einstige Burg der souveränen Grafen von Forcalquier vereint Bauformen des Mittelalters, der Renaissance und der Klassik. Seit acht Jahrhunderten ist sie Sitz der Sabrans. Die geschichtsträchtige Vergangenheit dieses Adelssitzes will die Herzogin von Sabran in einem Buch mit Erinnerungen an Ansouis und ihre Familie wieder aufleben lassen. Wenn sie ihren Schreibtisch verläßt, dann um mit ihren Enkeln in der Küche des Schlosses Kaffee zu trinken. Die Küche liegt in einem mittelalterlichen Gewölbe und ist unverfälscht erhalten. Noch immer findet man hier die

Batterie von Kupfertöpfen, den großen Eichentisch, die altmodischen Herde und das provenzalische Mobiliar aus dem 18. Jahrhundert. Die Kaffeetafel wird auf einem Baumwolltischtuch gedeckt; das Geschirr besteht aus blauen Fayence-Tellern aus Apt und einem englischen Teeservice. Hier lassen sich die Kinder leckere Luberon-Kuchen schmecken, eine Spezialität von Cucuron. Ansouis steht zu Recht in dem Ruf, alle Sorgen zu zerstreuen. Dieser Ruf geht vielleicht auf die berühmte Geschichte des Monseigneur de Sabran zurück, der Bischof von Laon und Beichtvater Marie-Antoinettes war. Nach der Art des Bildnisses von Dorian Gray bezeugte ein Porträt des Bischofs, wie viele Tränen er über den Tod der Königin vergossen hatte: Sein rechtes Auge war ständig gerötet – bis zu dem Tag, da der Pfarrer von Ansouis den Teufel aus dem Bild austrieb und so dem Auge seine natürliche Farbe zurückgab.

BRUNO ROY

Ein Maskenball

Blumen und Kostüme, Masken und Mysterien, Bälle und Karneval – all das fasziniert Bruno Roy, zu dessen Lieblingsthemen Vergänglichkeit, Improvisation und mehr noch Verführung zählen. Diesen Brunch hat er wahrhaft kunstvoll in der vollendeten Form einer Pyramide aufgebaut: ein Porträt aus dem 19. Jahrhundert, schmeichelnd umspielt von drapiertem Taft, bildet die Spitze, darunter entfaltet sich ein Bouquet aus Tulpen, Narzissen, Ginster, Amaryllis, Goldlack und Farn, und mittendrin steckt eine Karnevalsmaske aus rot-weiß marmoriertem Papier. Der Tisch ist in gestreifte Bourretteseide gekleidet, mit Organdi verschleiert und mit einer Eukalyptusgirlande bekränzt, die von üppigen Agraffen aus Ginster, Eukalyptusfrüchten, Narzissen und orangefarbenen Tulpen zusammengehalten wird. Darauf sind Teller mit blau-goldenem Dekor gestapelt, das Silberbesteck um die Jahrhundertwende stammt aus der Gegend von Nantes (wie der Muscadet von Bruno Roys Weingut). Die alten Damastservietten tragen das Monogramm von Roland Bonaparte und sind mit der Kaiserkrone bestickt. Würde hier Kammermusik dargeboten werden, so könnte es eigentlich nur die Sonate von Vinteuil sein.

KARL LAGERFELD

Eine Suite in Gold und Weiß

Der Modeschöpfer Karl Lagerfeld hat diesen Kaffeetisch im Hôtel de Maisons wie ein vollendetes Kunstwerk angerichtet. Er versteht es meisterlich, sich von diesem wundervollen Wohnsitz inspirieren zu lassen, der in den ersten Jahren des 18. Jahrhunderts erbaut wurde und den Namen seines ersten Besitzers, Claude de Longueil, Marquis de Maisons und Präsident des Parlaments, trägt. Alles, von der Wandtäfelung bis zum Tischschmuck, ist der einträchtigen Herrschaft der Gold- und Weißtöne untergeordnet und wird von dem sanften und gedämpften Licht, das durch die Tüllvorhänge fällt, umschmeichelt. Der Tisch, mit Damast und Spitzen geschmückt, steht auf einem prachtvollen Savonnerieteppich. Der Tafelaufsatz aus vergoldeter Bronze aus dem 18. Jahrhundert ist umgeben von einem Teeservice und Kuchentellern mit Goldrand und Blumendekor aus Meißener Porzellan, Vermeil-Besteck von Puiforcat im Stil Louis XV und geschliffenen Kristallgläsern. – Karl Lagerfelds Vorliebe, nachmittags zum Kaffee einzuladen, zu Tee und Schokolade, Gugelhupf und englischem Kuchen, erinnert an seine deutsche Abstammung. Aber die Art, wie er anrichten läßt, die Wahl des außergewöhnlichen Rahmens zeugt vor allem von seiner Leidenschaft für das Frankreich des 18. Jahrhunderts, für dessen Charme und Geist.

MADEMOISELLE DE…

Bretonisches Intermezzo

Die Terrasse dieses kleinen, im Jahr 1880 auf der Ile-aux-Moines erbauten Holzhauses geht auf den Golf von Morbihan hinaus. Hier, so erzählt man sich, soll einst Mademoiselle de… nach einem Abenteuer mit einer hochgestellten Persönlichkeit, aus dem ein Sohn hervorgegangen sein soll, Zuflucht gesucht haben… Soweit die Legende! Ganz gleich aber, ob sie nun zur Legende gehören oder nicht, die Gäste bei diesem bretonischen Intermezzo werden das Licht, das an diesem Spätnachmittag über Dronec, Holavre, Logoden und anderen Inseln liegt, bewundern und die Venusmuscheln und Austern mit Brot, gesalzener Butter und Muscadet zu genießen wissen. Der Krug, in dem der Muscadet serviert wird, und die Teller sind aus Fayence von Henriot in Quimper, das Fischbesteck hat Griffe aus Muscheln, und für farbige Akzente sorgt eine Batiktischdecke. Manche Zufluchtstätten sind eben angenehmer als andere!

MARQUISE DE BRISSAC

Jagdabend in Anjou

An Jagdabenden auf Brissac wird das Abendessen traditionsgemäß zu früher Stunde in dem geräumigen Eßzimmer serviert, das in einer Loggia Platz für Musiker bietet und mit zahlreichen Porträts der Nicolays, den Vorfahren der Marquise de Brissac, dekoriert ist. Auf der Tafel, die von silbernen Kandelabern erhellt und von Régencesesseln eingerahmt ist, wird das Jagdthema wieder aufgegriffen: Fasanenfedern, Eichenblätter und Patronen liegen verstreut auf dem weißen Damasttuch zwischen Tellern der Jahrhundertwende aus Limoges, Bouillontassen und Gläsern. Antike Stücke mit dem Wappen der Cassé finden sich darunter, andere sind aus Waterfordkristall. Die weißen Damastservietten sind mit den Initialen der Nicolays bestickt, und der Wein, der ausgeschenkt wird, stammt vom eigenen Landgut. Welch herrliches Gut, wo die Weinberge, das Schloß, die Jagd, ja selbst das Theater sich glücklich schätzen können, heute in Jacqueline de Brissac ihren guten Geist wiedergefunden zu haben.

Selbstgespräch und Tête-à-tête

GUY DE ROUGEMONT

Schöpferische Pause im Atelier

»Am Anfang war die Farbe«, so lautet der Leitspruch von Guy de Rougemont. Die Skala der Farben hat etwas in Gang gesetzt, das heute in der Kunst Guy de Rougemonts den lebhaftesten Ausdruck findet. Die Farbe explodiert nahezu in seinen Bildern wie in seiner Fassadenkunst, sie gibt einem so bescheidenen Gegenstand wie einem Teller oder auch dem anspruchsvollsten Gemälde ein phantastisches Muster. So gehört für ihn keine besondere Anstrengung dazu, eine farbenfrohe Pause zu inszenieren. Nur das Tischtuch ist in Schwarz und Weiß gehalten, ohne eigentliche Farbe, und soll so vielleicht mit den unbemalten Flächen auf den Leinwänden korrespondieren. Überall sonst herrscht farbige Geometrie: Sessel und Stühle mit gebeizten Intarsien, geometrisch gemusterte Teller, Kerzenhalter aus Carrara-Marmor; auch die Weinflasche schmückt ein für einen Schweizer Winzer von ihm entworfenes Etikett. Sogar das Besteck von Jean Puiforcat wurde von Guy de Rougemont umgestaltet. Wie ein Wahrzeichen leuchten im Hintergrund auf einem Hocker die drei Grundfarben in Gläsern.

VILLETTE

CHRISTIAN LACROIX

Der erste Tag…

Der erste Stein, die erste eigene Kollektion: bei Christian Lacroix herrscht Aufbruchstimmung! Nachdem er für sein Modehaus einen würdigen Rahmen gefunden hat, zelebriert er jetzt auf einem Tischchen einen Ritus, der um so raffinierter wirkt, als er inmitten von Bauschutt stattfindet! Der Glastisch hat einen Fuß aus lackiertem Holz und ist als Werk von Mattia Bonetti Teil einer von Garouste und Bonetti gefertigten Möbelkollektion. Ringsum verläuft eine Kette mit kleinen Elefantenköpfen aus vergoldeter Bronze.
Auf dem Speiseplan dieses Initiationspicknicks stehen Kaviar, Erdbeeren und Wodka mit Pfeffer. Vielleicht ist Christian Lacroix versucht, in den schwarzen Eiern des Störs nach Vorzeichen zu suchen, so wie andere im Kaffeesatz oder in Kristallkugeln lesen… Vielleicht entdeckt er dabei, daß dieses kleine Fest als ein Ereignis in die Annalen der Haute Couture eingeht, dessen Jahrestag einst festlich begangen wird…

KATHARINA DIE GROSSE

Eine Hommage von Christian Badin

Zu Ehren der Frau, die, um mit Voltaire zu sprechen, »die Schönen Künste auf ihren erhabenen Thron hob«, schuf Christian Badin für eine Pénélope-Ausstellung ein Dekor aus Trompe-l'œil-Malachit und rosa Taft. Auf einem sechseckigen Marmorpodest bilden der mit Taft drapierte Marmortisch und der vergoldete Lehnstuhl aus dem 18. Jahrhundert einen würdevollen Rahmen für das Souper einer Kaiserin, die das französische Kunsthandwerk so sehr schätzte (man denke nur an das berühmte Kameenservice, die sieben Reisen des Kunsttischlers Röntgen nach Petersburg oder das 800-teilige Silberservice des Grafen Orlow). Angerichtet ist auf einem Leinentischtuch mit Hohlsaumverzierung, das mit dem Band des St.-Georgs-Ordens bestickt ist. Dieses Band schmückt auch den Teller und die blattförmige Schale, beides Kopien des berühmten St.-Georgs-Service, eines der vier ›Ordens-Service‹, die in der Manufaktur Gardner in Petersburg angefertigt wurden. Der Stern des St.-Georgs-Ordens glänzt auf dem Boden des Tellers und der Schale, so wie er einst an der Brust einer Herrscherin strahlte, der Diderot den Geist Caesars und alle Reize Cleopatras nachsagte.

CÉSAR

Frugales Mahl: eine Collage?

Gebt Caesar, was des Caesars ist! Wo träfe dieses geflügelte Wort wohl besser zu als hier? Denn wenn César in seinem Atelier speist, dann nur auf eine Art, die seinem Namen gerecht wird (›auf die Hand‹ sozusagen, was bei jemandem, der den Daumen zum Markenzeichen seines Schaffens gemacht hat, naheliegt). ›Angerichtet‹ ist also auf einer Steinplatte, die auf einem Modellierblock ruht: ein provenzalischer Teller, ein altes Glas, ein Hermès-Taschenmesser mit Elfenbeingriff, ein altes Jagdmesser, zu dem der Künstler am liebsten greift, um Stangenbrot oder auch Modellierton zu schneiden, eine Vorlegegabel von Christofle und eine Dose Ölsardinen. Keines von den Objekten, an denen César zur Zeit arbeitet, sondern eher eine Collage. Diese humorvolle Komposition bringt vor allem die beiden Seiten des Künstlers zum Vorschein, von denen Michel Ragon spricht, wenn er ihn zugleich als Homo Faber, als Handwerker und ›Arbeiter an der Form‹ und als Homo Ludens, als spielenden Menschen, beschreibt.

125

COCO CHANEL

Souper im Ritz

Eine gewisse Atmosphäre heraufzubeschwören war die Grundidee für dieses Souper – weniger ging es darum, eine originalgetreue Nachbildung ins Werk zu setzen. Denn man weiß ja, daß Mademoiselle Chanel immer in der Rue Cambon zu Abend aß, bevor sie – nur für die Nacht – ins Ritz heimkehrte. Die geringfügige Verdrehung der historischen Wahrheit sei Marie-Caroline Bourellis und Blandine Leroy gern verziehen – das stimmungsvolle Mahl, das sie inszeniert haben, verleiht der Legende um die große Dame neuen Glanz! Im Verein mit Claude de Lupia ist es ihnen gelungen, hier zahlreiche persönliche Accessoires von Coco Chanel und die Fetische des Modehauses zu versammeln: die berühmte gesteppte Handtasche, einen Flacon Nr. 5, die Teller von Coco Chanel, die ihr Monogramm tragen und auf dem bestickten Tischtuch von Pénélope wunderbar zur Geltung kommen, eines der großen weißen Blumenbouquets, die sie so liebte, ihr mit Zobelpelz gefütterter Mantel, ihre Perlen. ›Atmosphäre, Atmosphäre!‹

PARFUM
N°5
CHANEL
Réservé

ATALANTA DE CASTELLANE

Ein glanzvolles Souper

Mit dicken Teppichen, Wandbehängen, gesteppten Polstern, Posamenten, vergoldeter Bronze und Kristall ließ die Innenarchitektin Atalanta de Castellane unlängst bei Puiforcat die gedämpfte Atmosphäre eines Soupers im Stil des 19. Jahrhunderts wiedererstehen. Sie schuf damit einen angemessenen Rahmen für zwei Kostbarkeiten: die im 19. Jahrhundert hergestellten Stühle aus Baccarat-Kristall. Die ungewöhnlich schön gearbeiteten Stücke sind mit Velours bezogen, der das Rot der Wandverkleidung und der Samtvorhänge aufnimmt. Der russische Tisch aus geschliffenem Glas und Bronze ist gedeckt mit blau-golden verzierten Porzellantellern, Platztellern und Besteck aus Vermeil von Puiforcat und Baccarat-Gläsern. Dieses überraschende und glänzende Dekor, diese Komposition von Stücken eigenwilliger Schönheit läßt an den Aphorismus von Jules Renard denken: »Stil heißt, alle Stile zu vergessen«.

MADAME BUTTERFLY

Eine Interpretation von Chiyoko Motono

Die ›Abraham Lincoln‹, das Schiff, das Pinkerton zurückbringt, ist in den Hafen von Nagasaki eingelaufen! Cio-Cio-San, die niemals an seiner Treue gezweifelt hat, erwartet ihn und hat zu seiner Rückkehr ein Festmahl vorbereitet. Die Innenarchitektin Chiyoko Motono (Tochter des japanischen Botschafters in Paris) hat genau dieses Bild für eine Pénélope-Ausstellung neu inszeniert. Wie in Puccinis Oper geben japanische Themen und abendländische Kunst einander das Stichwort: eine prachtvolle, mit Schmetterlingen geschmückte Tischdecke, ein großer japanischer Wandschirm, Platzteller, Gemüseschüsseln, Kerzenleuchter, Vermeil-Besteck von Puiforcat, mit Goldrand und goldenen Schmetterlingen verzierte Teller, Gläser und Wasserkaraffen aus Kristall. Das Bouquet ist nicht aus den Kirschblütenzweigen gestaltet, die zum berühmten Blumenduett im zweiten Akt anregen, sondern aus Chrysanthemen und Schleierkraut... Chiyoko Motono inszeniert, in Anspielung auf das tragische Ende der Madame Butterfly, das herbstliche Motiv des Abschieds und nicht das Bild frühlingsbeschwingter Freude.

EUGÈNE DE BEAUHARNAIS

Eine Nachschöpfung von Pierre-Hervé Walbaum

Eugène de Beauharnais, ein würdiger Sohn seiner Mutter, der Kaiserin Joséphine, hat ihren Geschmack für Prunkvolles und Raffiniertes geerbt. Er liebte strenge und zugleich prachtvolle Dekors wie dieses für ein Souper, das Pierre-Hervé Walbaum im Rahmen einer Pénélope-Ausstellung im Palais Beauharnais inszeniert hat. Alle Möbel, alle Gegenstände sind von Meisterhand signiert: das Bett von Molitor, die Obstschale von Odiot, ein Spiegel von Jacob und Kerzenleuchter von Percier und Fontaine (eine Auftragsarbeit für Madame Récamier). Die ›lampe bouillotte‹ wurde von Biennais ursprünglich für Kaiser Napoléon I. geschaffen, die kaiserlichen Insignien wurden aber später durch die von König Louis-Philippe ersetzt. Der Tisch, geschmückt mit einer gestickten Decke von Pénélope, ist mit Vermeil-Besteck und handbemalten Tellern von Edward Memory gedeckt. Ein reizendes Detail: in den Austern aus Vermeil und Silber wird heute die Sauce für den Spargel serviert.

Am Abend

JEAN PUIFORCAT

Eine Nachschöpfung von Eliane Scali

Sinn für Geometrie und für Raffinesse – was Pascal als Gegensatz begriff, verstand Jean Puiforcat auf bewundernswerte Weise miteinander zu vereinbaren. Mit der Exaktheit des Mathematikers ebenso begabt wie mit dem Tastsinn und der Sensibilität des Bildhauers, strebte er vor allem nach dem Absoluten. In seinem Speisezimmer ist, nach seinen eigenen Worten, »die Zahl dem Herzen zu Diensten« – und Eliane Scali zeigt in dessen Nachbildung ihren Sinn für getreue Wiedergabe eines Gedankens. Kunstwerke, Möbel und dekorative Elemente bilden eine Harmonie, in der Überflüssiges und willkürlich ausgewählter Zierrat keinen Platz haben. Auf dem Palisandertisch von Dominique sind um den strahlenden Mittelpunkt aus mattiertem, beleuchteten Glas das Porzellan mit schmalen Gold- und Silberstreifen und das Besteck aus massivem Silber angeordnet, das Jean Puiforcat selbst benutzt hat. Ein Gemälde von Gromaire, Wandleuchten von Gaëtan Lanzani, der Teppich von Paule Leleu, die Büste von Jean Puiforcat, Gläser von Lalique… hier harmoniert alles in so vollkommener Weise, daß die Grenzen zwischen funktionellen Gegenständen und Kunstwerken verwischen. »Eine Teekanne ist ein Kunstwerk, das in seinem bescheidenen Wirkungskreis die Seele durch seine Schönheit beflügeln soll…«, bemerkte Jean Puiforcat.

JP

BARON
ÉRIC DE ROTHSCHILD

Die Schätze von Château-Lafite

Im Zeichen zweier großer Namen, dem eines der berühmtesten Bordeauxweine – Château-Lafite – und dem einer Familie – Rothschild –, scheint der Speisesaal von Château-Lafite, blaßgrün, weiß getäfelt, ganz dem Ziel verschrieben, den festlichen Rahmen für ein einzigartiges Wunderwerk zu bilden: das Porzellanservice ›Vieux Bordeaux‹, in Rosa, Grün und Türkis, mit dem doppelten ›R‹ der Rothschilds verziert und 1863 im Auftrag der Baronin von Vieillard geschaffen. Die Erlesenheit des Porzellans und seiner Farben und die außerordentliche Vielfalt dieses Service finden in der vor zwanzig Jahren von Madame Porthault entworfenen Stickdecke im Beauvais-Stil eine würdige Entsprechung. Éric de Rothschild, in dessen Händen nun das Schicksal von Château-Lafite liegt, versammelt seine Gäste um diese große Tafel, auf der eine Büste an Baron James erinnert. Wenn dieser Rahmen auch ganz in der großen Tradition des Empfangsstils und der Eleganz Frankreichs und des Médoc steht, so erhält er doch eine subtile persönliche Note durch all die erlesenen Details, die eine dezente Dekoration bilden: Silber, geschliffene Baccarat-Gläser (19. Jahrhundert), Biedermeier-Stühle, schlichte Bouquets aus Gartenrosen, mit Trauben gefüllte Obstschalen. Zum Dessert wird das berühmte ›Service des Châteaux‹ von Vieillard (nach Johnston) sämtliche großen Güter der Region auf der Tafel zur Schau stellen.

NICOLE
TOUSSAINT DU WAST

Eine Opernmelodie

Nicole Toussaint du Wast besitzt mit ihrem wirklich außergewöhnlichen Haus einen Ort, der alle Merkmale des 19. Jahrhunderts mit viel Esprit vereint. Daß dieses Haus etwas Theatralisches hat, überrascht übrigens nicht mehr, wenn man erfährt, daß der gesamte Wohnsitz ein Werk von Charles Garnier ist, dem Architekten der Pariser Oper. Für die Luzarches d'Azay erbaut, wurde es unvollendet an Léopold Bourlon de Rouvres, Präfekt Napoléons III, verkauft, der Garnier bat, auch die Innenausstattung zu übernehmen. Dieser machte sich begeistert ans Werk: Die Wände wurden mit einer Art Cordobaleder bespannt, ein monumentaler Kamin aus stein- und goldfarbenem Stuck wurde zu rein dekorativen Zwecken aufgebaut, für Vorhänge und die Bezüge der Stühle aus den siebziger Jahren des 19. Jahrhunderts wurde grüner Samtmoiré ausgewählt: ein Meisterwerk im Stil von Napoléon III ... und ein idealer Rahmen für einen Literaten- und Künstlersalon. Nicole Toussaint du Wast empfängt hier tatsächlich berühmte Schriftsteller, darunter oft Mitglieder der Akademie, bekannte Musiker, renommierte Historiker. Michel Mohrt, André Castelot, Ghislain de Diesbach, Jean Dutourd, Marcel Schneider, Raymond Gallois-Montbrun, Henri Sauguet nehmen an einem mit geklöppelter Decke geschmückten Tisch Platz und speisen von Tellern eines Pariser Porzellans, die mit Schlachtszenen Napoléons I. bemalt sind. Die wunderschönen, gravierten Bechergläser aus dem 18. Jahrhundert und das mit Jagdmotiven verzierte englische Tafelsilber erinnern daran, daß die Hausherrin leidenschaftlich alles sammelt, was ihres ›Opernhauses‹ würdig ist. Anläßlich eines Balles, den sie dort gab, sagte sie über dieses Haus so treffend, daß »die Szenerie selbst diejenigen verkleidete, die ohne Kostüm gekommen waren«.

MANUEL CANOVAS

Ein Fest der Sonne

Der Meister der Farben, Manuel Canovas, hat sich einen solchen Namen in seiner Kunst gemacht, daß ihm bereits Museen Anerkennung zollen. Mit Stoffentwürfen hat er angefangen, und seitdem hat er unaufhörlich an neuen Farbkompositionen gearbeitet, die in ihrer Ausgefallenheit vor ihm keiner gewagt hätte. Für ihn gibt es keine häßlichen Farben, sondern nur schlechte Kombinationen. Eine Tafel arrangiert er ein wenig in der Art der großen ›Nasen‹, die ein Parfum kreieren: Er erweckt eine Farbe durch eine andere zum Leben, dämpft diese durch jene und gesellt zu seinen schönsten Dekorationsstücken ein farbliches Echo, das diese noch stärker zur Geltung bringt. Der Salon, in dem die Tafel angerichtet ist, bildet den Rahmen für ganz besondere Gelegenheiten wie ein Geburtstagsessen. Das Gelb der mit Moiré bespannten Wände, das Parmablau des Tischtuchs und die rosa Farbakzente der aufgemalten Szenen auf den prachtvollen Kühlgefäßen aus Niderwiller Fayence oder der in zwei Lalique-Flacons arrangierten Orchideenrispen verleihen dem Ganzen eine sonnendurchflutete Atmosphäre. Blickfang sind die von Manuel Canovas entworfenen Teller mit seinem Monogramm und das Besteck mit Lapislazuligriffen.
Die charmante Bescheidenheit, die in dem von Canovas gewählten Titel ›Flüchtiger Sonnenschein‹ mitschwingt, weckt Widerspruch (besonders, wenn das Kunstwerk von einem so intimen Kenner der Textilkunst entworfen ist) – ›Ein Fest der Sonne‹ erscheint die passendere Bezeichnung für ein so lichtvolles Ambiente.

PHYLLIS LAPHAM

Eine Amerikanerin in Paris

Von Osten nach Westen und wieder nach Osten zu reisen heißt für Phyllis Lapham zugleich einer Leidenschaft und einer Notwendigkeit folgen. Sie, die in Kalifornien als Innenarchitektin und Antiquitätenhändlerin arbeitet, liebt die Atmosphäre von Paris: dreimal im Jahr richtet sie sich dort ein, um Trödelläden zu durchstöbern und ihre Freunde einzuladen. Wenn Carmel, Pebble Beach und das VIII. Arrondissement in gewisser Weise die Pole ihres Lebens darstellen, so bilden sie sicher keine Grenzen – Phyllis Lapham bewegt sich in allen Kulturen und begeistert sich ebenso für die Kunst des Fernen Ostens wie für das europäische Kunstgewerbe. Ein großer japanischer Wandschirm aus dem 18. Jahrhundert und ein österreichischer Leuchter vom Anfang des 19. Jahrhunderts schmücken ihr Eßzimmer, dessen Wände mit einem dunkelblauen Baumwollstoff mit Ton in Ton gehaltenen chinesischen Mustern bespannt sind.
Holländische Lackstühle aus dem 18. Jahrhundert umgeben einen Tisch, auf dem japanische Imari-Teller aus dem 19. Jahrhundert auf silbernen Platztellern, englisches Silber, Baccarat-Gläser und blaue Gläser aus Bristol, silberne Kerzenleuchter von Edward Wakelin und eine silberne Suppenschüssel aus Augsburg prunken. In dem nächtlichen, sehr eleganten Ambiente erscheint dieses von einer Weltbürgerin kunstvoll zusammengetragene Potpourri von Kunstschätzen wie ein geschlossenes Ganzes.

LESLEY BLANCH-GARY

Wie in einem Roman . . .

Beladen mit Schätzen und Geschichten macht die Karawane halt: diesen Eindruck nimmt man mit, wenn man bei Lesley Blanch-Gary im Süden Frankreichs zu Besuch war. Die Engländerin ist als Autorin vieler Romane wie ›Vers les rives sauvages de l'amour‹ und einer gerade erst erschienenen Biographie über Pierre Loti bekannt. Sie war verheiratet mit Romain Gary, ist befreundet mit Nancy Mitford und Peter Ustinov, pflegt eine Leidenschaft für Rußland, den Orient und den Islam . . . Sie lebt zwischen Büchern, Katzen, Weihrauch, Reiseandenken aus der Türkei, dem Balkan, Afghanistan, dem Persischen Golf und der Wüste in einer Atmosphäre von Bohème und Weltoffenheit. Hier gibt es kein richtiges Eßzimmer; der Tisch steht in der Bibliothek direkt vor den Bücherregalen und ist gedeckt mit Gegenständen aus aller Herren Länder: Tellern aus der Haute-Provence, einem Tischtuch aus Genueser Voile, chinesischen Strohsets, Bechern, einer Silberkanne und Löffeln aus lackiertem Holz aus Rußland; Taschentücher, die sie auf dem Markt von Aleppo erstanden hat, dienen als Servietten, und die Arcopaltassen für den Borschtsch sind im Supermarkt gekauft. In der Mitte des Tisches thront ein Broccoli in einem Stohkorb. Die Karaffen sind jeweils mit einer Orange oder einer Zitrone verschlossen – eine Idee, die ebenso originell ist wie die Aufgabe, die der chinesischen Tischglocke zukommt: wenn Lesley Blanch-Gary sie kräftig läutet, dann nicht, um einen dienstbaren Geist zu rufen, sondern um einem Tischgespräch, das sie nicht mehr interessiert, eine andere Richtung zu geben.

FRIED-KARAJAN
DECCA STEREO SET 415-21
DECCA STEREO SET 204-8
PEINTURE ARABE
SKIRA
le monde musulman
Architecture of the Russian North
THE WORLD OF ISLAM

MONSIEUR UND MADAME OGILVY

Die Farben von Touffou

Seit zwanzig Jahren verbindet David Ogilvy, den ›Papst der Werbung‹, eine leidenschaftliche Liebe mit Touffou, dem ›Schloß in den Farben des Sonnenunterganges‹. Gerühmt von Ronsard, geehrt durch einen Besuch François I. im Februar 1541, spiegelt sich Touffou mit seinen zahlreichen Gebäuden aus dem 11., 14. und 16. Jahrhundert in der Vienne. Die steilen Dächer hat David Ogilvy eines nach dem anderen instandsetzen lassen. Ob es nun gilt, eine Feier für die Dachdecker zu veranstalten, als diese das letzte Gerüst nach sieben Jahren Arbeit abgebaut hatten, oder die Direktoren der vielen Niederlassungen der Agentur Ogilvy & Mather während einer Sitzung zu bewirten, Hertha Ogilvy läßt zu jedem Anlaß die gleiche erlesene Tafel anrichten. Auf einem von Medaillon-Sesseln umgebenen Mahagonitisch gibt das ›Fitzhugh-Pattern‹-Geschirr der Compagnie des Indes den Ton an. In kompromißloser Strenge ist alles blau und weiß, eine ›one colour show‹ ganz im Stil von David Ogilvy. Dadurch, daß er sich vorurteilsfrei und mit Lust am Widersprüchlichen unablässig mit den Mechanismen der Werbung auseinandergesetzt hat, weiß er nur zu gut um die Wirkung eines sich wiederholenden Motives. Wenn der Star der Madison Avenue und Autor aufsehenerregender Bekenntnisse auf Touffou weilt, ist er Hobbygärtner in verborgenen Gärten, wo er eine Sammlung alter Rosensorten pflegt.

JEAN DIVE

Privatgemach

Die Atmosphäre in der Wohnung von Jean Dive wird geprägt durch kühne Farbzusammenstellungen und liebevolle Dekoration persönlicher Dinge. Das Appartement ist wie geschaffen für gemütliche Abende, an denen der Innenarchitekt in einer kleinen, geschickt entworfenen Eßecke gerne seine besten Freunde um sich versammelt. Die gepolsterte Sitzbank verleiht dem Raum die gedämpfte Atmosphäre eines Privatgemachs und lädt zum Plaudern ein. Passend zum roten Teppichboden und den mit blau-rotem Chintz bespannten Wänden ist das doppelt gelegte Tischtuch von Souleiado ausgewählt. Das Rot und in etwas hellerer Nuance auch das Blau kehren in den Tellern mit ihrem provenzalischen ›pâte-tendre‹-Dekor, in dem blauen Kunststoffbesteck und in den Gläsern aus Biot wieder. Die Brötchen werden aus dem Restaurant Chiberta geliefert, dessen Inneneinrichtung Jean Dive einmal gestaltet hat. In die Mitte des Tisches stellt Jean Dive entweder einen Strahler, dessen Sockel er hier mit Anemonen, Tulpen und Margeriten dekoriert hat, oder zwei Windlichter mit Füßen aus blau-weißem Chinaporzellan. Über der englischen Mahagoni-Konsole hängt eine kleine Sammlung von Stilleben des 19. Jahrhunderts mit Obst- und Gemüsemotiven. Gouachen von Neapel und Venedig wirken in der heimeligen Eßecke wie ein Ausblick in die Ferne.

WALTER LEES

Eine fürstliche Küche

Im 19. Jahrhundert gehörte es zum guten Ton, einen Salon zu führen, sei es nun zur mondänen Unterhaltung oder zum literarischen Gespräch. Walter Lees scheint diese Tradition fortzusetzen, nur ist sein Salon eine Küche, und hier, in einer lichtdurchfluteten Mansarde, an einer Tafel ganz in Gold und Blau, haben schon zahlreiche Persönlichkeiten gespeist. Hier sind Funktionalität und Ästhetik meisterhaft vereint. Der lange, schmale Tisch ist mit einer weißen Damasttischdecke bezogen und mit blau-weißem Porzellan, Vermeil und Silber gedeckt: ›Blue dragon‹-Teller aus Worcester, Kerzenleuchter aus Augsburg, Schnupftabakdosen und englische Bonbonnieren vom Anfang des 17. Jahrhunderts, eine Muffin-Platte, venezianische Gläser. Die venezianischen Salatteller sind einem Modell im Stil Louis XIV nachempfunden, und Weindekanter von Tiffany dienen als Karaffen. Eine Küche, die einen wahrhaft würdigen Salon abgibt!

ALAIN DEMACHY

Auf beiden Seiten des Spiegels

Als kundiger Antiquitätenhändler und Innenarchitekt sammelt Alain Demachy auf seinen ausgedehnten Fernreisen Ideen und Kunstobjekte. Auch wenn er sich vom Orient und Indien faszinieren läßt, so bewahrt er doch seinen klassischen, eleganten europäischen Geschmack und würde nie seine Vorliebe für die Haute Epoque verleugnen. Davon zeugt auch sein Eßzimmer: Der niedrige Tisch, marokkanische Pouffes und die nächtliche Atmosphäre beschwören den Zauber fremder Länder herauf, während die harmonische Farbzusammenstellung, das Arrangement der Gedecke und andere dekorative Gegenstände aus einer vertrauteren Welt stammen. Jim Thompson hat die Sitzbank und die Pouffes, die mit thailändischer Seide bezogen sind, entworfen. Mintonteller auf silbernen Platztellern, Familiensilber und hauchfeines Baccaratkristall sind auf einer Tischdecke mit dunkelblauem Grundton angeordnet. Auf einer mit Seidensamt bespannten Wand kommt eine sehr schöne Spiegelsammlung gut zur Geltung: kleine dreieckige Spiegel von Emilio Terry, venezianische Spiegel aus dem 16. Jahrhundert in vergoldeten Glasrahmen, die mit Bernstein und Schildpatt unterlegt sind. In der Mitte glänzt ein tibetanisches Brustgehänge aus Gold mit Türkisen. Träume, Spiegelungen, Wirklichkeit... weiß man hier so genau, auf welcher Seite des Spiegels man steht...

ALBERTO PINTO

Geburtstag in Weiß

Drei Tische, dreißig geladene Gäste, zweihundert weiße Tulpen, Dutzende von Kamelien: Alberto Pinto schöpft aus einem Füllhorn, um ein Fest auszurichten, mit dem sich das dreißigjährige Bestehen des Modehauses Givenchy gebührend feiern läßt. Das Eßzimmer der ehemaligen Wohnung von Paul Morand ist ein Camaieu aus Weißtönen, Schildpatt und Elfenbein, das Bruno Roy im Blumenschmuck fortsetzt. Auf den syrischen Kommoden beiderseits des marmornen Kamins im Stil Louis XIV ergießen sich zwei große Bouquets mit je hundert weißen Tulpen aus mit Seidenpapier und Tüll ausstaffierten Hutschachteln von Givenchy. Die Moosbäumchen auf den Tischen sind mit Kamelien gespickt, die auch den Efeukranz zieren, mit dem Bruno Roy die Kirchenleuchte aus Mahagoni schmückt. Auf weißen Damasttischdecken warten silberne Teller mit einem Dekor im Stil von Napoleon III, kleine Kerzenleuchter aus dem 18. Jahrhundert, Vermeil- und Silberbesteck und venezianische Gläser auf die Gäste. In seiner Vollkommenheit gleicht das Dekor einer schimmernden Perle und zeugt zugleich von der natürlichen Großzügigkeit Alberto Pintos.

BRUNO CALVET

Die Überraschungen eines Bordelaiser Schrankes

Manche Schränke enthalten das Tafelsilber und werden nur an Festtagen geöffnet, andere duften nach Lavendel und frischer Wäsche... Der Bordelaiser Schrank von Bruno Calvet mit einer Sammlung von Bordeaux-Fayencen aus dem 18. Jahrhundert steht unseren staunenden Blicken immer offen. Er ist das wichtigste Möbelstück seines kleinen Eßzimmers und bietet immer wieder neue Überraschungen: Tabakdosen, Glaskolben, Tulpenvasen, Schnabeltassen, Porzellanschuhe und was es sonst noch gibt an Töpfen, Schüsseln, Kästchen. Auch auf dem Tisch aus Steingut entdeckt man Ungewöhnliches wie die Kühlgefäße, in denen jeder Gast sein Glas ausspült, bevor ein anderer Wein eingeschenkt wird, die Teller des Dauphin-Geschirrs mit einem französischen Wappen, die Terrine mit Manganrosen, Zweigen und Insekten als Dekor. Auch einige echte Rosen liegen auf dem Tisch verstreut; sie sind die einzige Dekoration, die man sich zu einer solchen Sammlung vorstellen kann.

IRÈNE AMIC

Früchte, Blumen, Blätter und Zweige

Das Eßzimmer wird nur von Kerzen beleuchtet... denn Irène Amic hat es nicht übers Herz gebracht, die Schönheit dieses wunderbaren Dekors im Stil Charles X dem Komfort der Elektrizität zu opfern. Mehrarmige Kerzenhalter und ein Empirekronleuchter erhellen den Raum, in dem sich Blumen und Blattwerk von Tisch und Wänden in einem prächtigen Bouquet aus Wohlgerüchen und Farben vereinen: Rosen, Pfirsiche und Aprikosen sind von Efeugirlanden umrahmt, die sich auch auf den Minton-Tellern und sogar auf den Polstern der Sessel wiederfinden. – Namen verpflichten: Die geschliffenen Kristallgläser sind von Baccarat, und die Damastservietten tragen das Monogramm der Cantacuzène, Vorfahren von Irène Amic. Der anmutige Charme dieses Dekors kann auf die Wunder der Elektrizität wirklich gut verzichten.

KENZO

Japanische Traditionen

»Der Karpfen springt hoch,
und das Wasser – wieder glatt –
ruft leise kuckuck.«

Alles erinnert hier an das Haiku, an dieses kurze japanische Gedicht mit strengem Versmaß, das auf so wunderbare Weise einen Augenblick und eine Ewigkeit zugleich zu beschwören vermag. Vollendung im Detail, Schlichtheit in der Anordnung, Poesie in der Zusammenstellung der Gegenstände, Kargheit sogar – diese Tischgestaltung wirkt ganz so, als ob Kenzo Takada sich von all den Farben, mit denen er in seinen Kreationen so verschwenderisch umgeht, ausruhen wolle. Während im Hintergrund auf einem seidenbespannten Kno-Wandschirm aus dem 19. Jahrhundert Karpfen springen, ist auf einem japanischen Beistelltisch mit weißer venezianischer Damasttischdecke das Gedeck aufgelegt. Blau und weiß ist das alte japanische Geschirr, blau und weiß auch die Schalen und Saké-Becher mit ›tako‹-Krakenmuster, die Kenzo sammelt. Die vertikale Linie wird betont durch die zwei japanischen, Affen darstellenden Bronzeleuchter und die Muranogläser, die Gino Senedese eigens für Kenzo entworfen hat. In der Mitte des Tisches schwimmen in einer blattförmigen Blumenschale ein Seerosenblatt und eine weiße Amaryllis. Weiß-, Blau- und Naturtöne . . . , der große japanische Modeschöpfer, der sich für seine farbenfrohen und lebhaften Kreationen so sehr von Paris anregen läßt, scheint daheim zur japanischen Wohnkultur und ihrem Ausdruck meditativer Ruhe zurückzufinden. »Die wahre Schönheit kann nur derjenige entdecken, der das Unvollkommene im Geist vervollkommnet hat«, heißt es so schön im ›Buch des Tees‹ von Okakura Kakuzo.

Festliche Diners

LAURA UND CORINNE MENTZELOPOULOS

Die Rosen von Margaux

Ehre, wem Ehre gebührt! Hört man Château-Margaux, dann denkt man zunächst an das Spitzengewächs der berühmten Weinlage von Margaux. Doch dieser Name steht auch für einen Landsitz, von dem eine ganz eigene Faszination ausgeht: Seitdem Louis Combes das Gebäude 1810 für den heißblütigen Marquis de Colonilla errichtet hat, beherbergte es ständig bedeutende Persönlichkeiten. Hier wohnten Aguado, der Mäzen Rossinis, und der große Fernand Ginestet, einer der bedeutenden Männer aus Bordeaux. Heute leben hier die Mentzelopoulos, die es verstanden haben, das Anwesen mit neuem Leben zu erfüllen und Park und Schloß herrlich zu restaurieren. Im Speisezimmer mit seinen in Trompe-l'œil-Marmor bemalten Wänden und den Kaminen im ägyptischen Stil ist auf dem Tisch ein richtiger Garten aufgebaut, der mit fünfzig weißen Rosen in ebensovielen Väschen übersät ist, zwischen denen Meißener Figuren dekoriert sind. Vor jedem Gast stehen fünf Gläser: für Wasser, Weißwein, zwei für roten Bordeaux und eines für Sauternes. Zu den drei verschiedenen Porzellanservice gehören auch Käseteller mit einer Darstellung von Château-Margaux im Stil des Schlösserporzellans von Vieillard. Das Silber- und Vermeilbesteck von Odiot ist im Stil der Epoche von Margaux gestaltet. Auf den Empire-Konsolen stehen prachtvolle Tafelaufsätze aus vergoldeter Bronze, die mit den ersten Trauben der Lese gefüllt sind: so könnte das Wahrzeichen dieses Schlosses aussehen, das viele für das ›Versailles des Médoc‹ halten.

MADAME UND MONSIEUR DE YTURBE

Zu Tisch bei Diane de Poitiers

Wie gewohnt in Schwarz und Weiß gekleidet, scheint Diane de Poitiers sich gerade von diesem Tisch erhoben zu haben, den Charles de Yturbe ihr zu Ehren jedes Jahr auf Schloß Anet deckt. Alles hier legt Kunde ab von dieser illustren Dame, jeder dieser Gegenstände hat ihr gehört und hat eine eigene, oftmals phantastische Geschichte: prunkvolle Tafelaufsätze in Form von Schiffen, die mit Wein gefüllt von Gast zu Gast geschoben wurden, silberne Brautbecher aus Deutschland in der Gestalt des Brautpaares, Gläser aus Venedig, die, wie man sagt, der Form ihres Busens nachgebildet sein sollen. Die Karaffen wurden ihr bei ihrem Einzug in Lyon 1550 überreicht und tragen das berühmte Monogramm – ist es nun der Sichelmond aus dem Wahlspruch von Henri II, der sich hier mit seinen Initialen verflicht, oder das ›D‹ von Diane? Nach dem Tod des Königs lebte Diane de Poitiers in Anet; dort beauftragte sie Künstler wie Jean Goujon, Philibert Delorme, Benvenuto Cellini und Mitglieder der Künstlerfamilie Limosin mit Arbeiten. Und eines Tages fand sich auch Seigneur de Brantôme an ihrer Tafel ein, der sie vollends zur Legende machte. Bezaubert von ihrer Schönheit, sollte er schreiben, daß »sie jeden Morgen einen Schönheitstrunk aus flüssigem Golde zu sich nahm« …

HÉLÈNE ROCHAS

Wahlverwandtschaften

»Das größte Vergnügen ist das des anderen« scheint La Bruyère Hélène Rochas zugeflüstert zu haben. Doch muß sie überhaupt jemand daran erinnern, sie, für die das Gefühl der beste Führer ist? Mit seiner Hilfe gestaltet sie die schönsten Tafeln, die glanzvollsten Soireen, die feinsten Feste für die intimsten ihrer engen Freunde. Nur für sie arrangiert sie ihre seltensten Stücke in ihrem weiß getäfelten Speisesaal. Es gelingt ihr glänzend, mit diesen Kostbarkeiten eine Atmosphäre der Exklusivität zu schaffen, die scheinbar nur für Eingeweihte zugänglich ist; die Dekorationen, die sie ins Spiel bringt, verstärken diesen Eindruck noch. Man könnte sich sowohl in dem Kabinett eines Sammlers als auch in einem kurfürstlichen Konklave befinden, wenn man die Sammlung bewundert: Stühle von Gérard Mille – weißer Lack, altgrünes Leder, hohe Rückenlehnen –, Kandelaber von Thomire, Tür- und Kaminsimse von Serebriakoff (Trompe-l'œil von chinesischem Porzellan und Fayencen aus Iznik, Mishapur oder Samarkand). Und da sie weiß, daß Verwandtschaften bei Dingen wie bei Lebewesen eher aufgrund geheimer Anziehung als oberflächlicher Ähnlichkeit entstehen, zögert Hélène Rochas nicht, französisches und englisches Silber, venezianische Becher, Delfter Vasen aus dem 18. Jahrhundert und eine japanische Keramik aus dem 17. Jahrhundert mit einer italienischen Stickdecke zu kombinieren. Man ist nicht mehr ganz sicher, ob sie ihre Lieblingsobjekte für ihre besten Freunde oder ihre besten Objekte für ihre liebsten Freunde auswählt...

TABLE ROSE

HÉLÈNE DAVID-WEILL

Das Quartett aus Sceaux

Vier Tische in vier Farben – das ist das Besondere an diesem Diner, das Hélène David-Weill in ihrem herrschaftlichen Stadthaus in der Rue Saint-Guillaume gibt. Es wurde gegen Ende des 17. Jahrhunderts für den Marquis de Laigue erbaut, war Wohnsitz Lamartines nach seiner Orientreise und ist heute einer der letzten Stadtpaläste in Paris, der nur von einer Familie bewohnt wird. Im großen Vestibül ist die Sitzordnung auf einem runden Tisch mit Porphyrplatte um ein bronzenes Reiterstandbild von Louis XIV herum ausgelegt. In dem Eßzimmer mit Holztäfelung und zartgrüner Stukkatur sind vier Tafeln gedeckt – für jede hat der Maître d'Hôtel ein anderes Bouquet zusammengestellt, als wolle er Schönheit und Seltenheit der Teller aus Sceaux-Fayence mit ihrem ausgezackten Rand und unterschiedlichen Blumenmotiven noch steigern. Die Tischtücher aus feinstem Leinen, die Deckchen für die Brotteller und die Servietten sind mit Blumen bestickt. Das Tafelsilber ist von Puiforcat, die Gläser stammen von Lalique. Renan, der in dem Wohnsitz in der Rue Saint-Guillaume eine Zeitlang weilte, wäre beim Anblick dieser Dekoration in Entzücken geraten: Frankreichs Vorzüge liegen eben doch im Erlesenen.

HUBERT DE GIVENCHY

Goldener Schnitt

Die Ausgewogenheit der Proportionen ist das Bestreben des Modeschöpfers und Architekten. Daß er diese Kunst beherrscht, zeigt sich in allem, was Hubert de Givenchy macht, ob er nun ein Zimmer möbliert, Farben aufeinander abstimmt oder Schlichtheit und Raffinesse in einem Dekor verschmilzt. Er läßt sich keine Beschränkungen auferlegen: Kreatives Schaffen ist für ihn auch eine Lebenskunst. Sinn für Harmonie: Kein reines Weiß, sondern ein gebrochenes, fast beiges, sehr verhaltenes Weiß hat er für die Baumwolltischdecke gewählt, abgestimmt auf die Wandtäfelung. Erhabenes und Schlichtes finden sich vereint: Die Suppenterrine im Régencestil, eine prächtige Goldschmiedearbeit, steht neben mehreren, in Reih und Glied angeordneten Blumenschalen mit Helcinium und Orchideen. Ausgewogenheit bestimmt auch die Farbgebung: grüne Tüllvorhänge, goldene Kerzenleuchter von Gouthière, braune Lederbezüge der Stühle im Stil Louis XVI; der Zylinderschreibtisch von Roentgen ist aus Mahagoni. Das Ganze wird dezent beherrscht von einem Gemälde von Hubert Robert. Auch die Auswahl der Materialien spricht für sich: das Silber der englischen Teller und des Bestecks aus dem 18. Jahrhundert, das Kristall der Gläser der Marquise Nagliati, Mahagoni, Bronze, Marmor... Alles ist mit dieser seltenen Gabe zusammengestellt, mit der Hubert de Givenchy es versteht, einfache Dinge zu veredeln und edle Dinge zu vereinfachen.

OLYMPIA

BARONIN MARIE-HÉLÈNE DE ROTHSCHILD

Galadiner im Hôtel Lambert

In dem zauberhaften Augenblick, in dem der über den Quai d'Anjou hinausragende Rundbau in der Nacht versinkt, wird die Herkules-Galerie des Hôtel Lambert von 1000 Kerzen erhellt; an diesem Abend gibt Marie-Hélène de Rothschild ein Diner für 46 Personen. In dem Saal mit der prachtvollen, von Le Brun ausgemalten Decke hat sie alles mit größter Sorgfalt arrangiert und dabei auch das unbedeutendste Detail zum kleinen Kunstwerk erhoben: ausgesucht schöne Schleifen, mit denen die weißen Leinendecken der Serviertische zusammengehalten werden, Sträuße aus gelben und weißen Blumen in regelmäßigem Wechsel ihres Farbenspiels, im Rund angeordnete Klappstühle mit roten Damastpolstern. Sollen Bacchus und Pan doch da droben ein Festmahl ausrichten – die Tafel hier unten steht ihm an Üppigkeit in nichts nach! Drei Sèvres-Service, Gläser im Stil Louis XIV, Tafelsilber aus dem 18. Jahrhundert, Dessertbesteck aus Vermeil... welch ein Zusammenspiel mit der vergoldeten Täfelung, den italienischen Ebenholzschränken und den schönen, damastbezogenen Hockern! Man könnte meinen, die Baronin de Rothschild habe sich insgeheim von den Heldengestalten Van Obstals und Le Bruns leiten lassen. Glücklicherweise gibt es noch Gastgeberinnen, die die Kunst des Empfangs so glanzvoll beherrschen!

Später…

CHARLOTTE AILLAUD

Drinks vor dem Konzert

Gibt es einen besseren Auftakt zu einem Opernbesuch oder einem Montagskonzert im Athénéetheater, als sich zu einem Aperitif an der extravaganten Katzenbar von François-Xavier Lalanne zu treffen? Diese eigenartige Schöpfung aus getriebenem Messing, die 1968 von Émile Aillaud in Auftrag gegegeben wurde, vereint Flosse, Flügel und Katzenkopf. In ihrer fast übermäßigen Größe setzt sie einen surrealistischen Akzent in einen ganz und gar klassischen Rahmen. Unter ihren Flügeln birgt sie einige Kostbarkeiten aus der Sammlung der Hausherrin, insbesondere portugiesische Gläser aus dem 18. Jahrhundert, Dominicikaraffen mit versilbertem Hals und venezianisches Glas. Diese glanzvolle Ouvertüre schafft einen fließenden Übergang zur Opernbühne mit ihren phantastischen Gestalten.

MICHAEL PRENTICE

Das Festmahl des Komturs

»Don Giovanni, a cenar teco m'invitasti ...«, »Don Giovanni, du hast mich zum Mahle geladen ...«. Fast glaubt man, den Komtur anklopfen zu hören, so eindrucksvoll wirkt die Kulisse: ein von dem Bildhauer Michael Prentice aus einem Granitblock herausgehauener Tisch. Die Ähnlichkeiten sind nicht nur äußerlich: Wie in Mozarts Oper entsprechen sich hier geistige und materielle Wirklichkeit. Mag dieser Tisch aus schwerem südafrikanischen Granit noch so imposant erscheinen, in ihm ist alles vereint, was man zur Vorbereitung eines Festmahls benötigt: Spülbecken, Wasseranschluß, drei Gasflammen, Zitronenpresse, Salztöpfchen, Mühle ... Leporello wäre glücklich. Die italienischen Silberleuchter aus dem 19. Jahrhundert erhellen das Mahl, zu dem es heute abend Austern gibt, die mit ausgefallenen Gabeln mit Elfenbeingriffen aus dem 18. Jahrhundert verzehrt werden. »A cenar teco m'invitasti, e son venuto« – »und ich bin gekommen«, verkündet der Komtur. Man mag an den treffenden Kommentar von Pierre Jean Jouve denken: »Das Gewicht und die Kälte des Steines und zugleich die stolze Starrheit der Bronze, aber auch die unergründliche Erhabenheit der Seele haben das Maß aller Dinge verändert.«

POMMERY

LA TRAVIATA

Soirée bei Violetta

An diesem Abend verkörperte Cecilia Gasdia auf der Bühne der Pariser Oper die Violetta in einer von Zubin Mehta dirigierten und von Zeffirelli inszenierten Aufführung. Das Dekor, das François Catroux schuf und das Bruno Roy für dieses Galadiner zum Blühen brachte, steht dem großen Fest im 1. Akt der ›Traviata‹ an Pracht in nichts nach: die Gäste hätten hier durchaus das ›Libiamo ne'lieti calici‹ anstimmen können!

Überall schmückten Lambrequins die Logen, Lampenschirme die Leuchter, in das Treppengeländer waren Girlanden aus Amaryllis, Pflaumenblüten, Wolfsmilch, Hyazinthen, Nerinen und Schleierkraut eingeflochten. Orangerote Tischtücher bedeckten die Tische, und von Satinschleifen gehaltene Kamelienblüten verzierten die Kerzenleuchter. Im nächsten Augenblick wird Gastone Alfredo mit Violetta bekannt machen …

Doppeltes Spiel

GRÄFIN
JOY DE ROHAN-CHABOT

Farbenspiele

Joy de Rohan-Chabot ist eine passionierte Malerin und bemalt alles, was ihr dazu geeignet erscheint. Paravents und Tische werden zur Leinwand genauso wie die Wände ihres charmanten Häuschens in Paris: hier führt die bunte Phantasie das Zepter, hier triumphiert die Farbe. Zum Essen empfängt sie in ihrem Wintergarten, der in seiner Blumenpracht richtig fröhlich wirkt. Der Tisch, den die Gräfin mit einem Farn- und Primelmuster bemalt hat, ist mit zauberhaftem Geschirr in interessanter Zusammenstellung gedeckt: Vallauris-Teller aus den vierziger Jahren, Steingut, Gläser aus Biot und verschiedenerlei Besteck aus Messern mit Elfenbeingriffen, Löffeln mit Bambusmotiv und Silbergabeln. In der Tischmitte prunkt ein Bouquet aus Primeln und Anemonen. Am Abend wird die Tafel – mit zwei übereinander gelegten Tischtüchern, das eine aus bedrucktem Baumwoll- das andere aus Kaschmirstoff – in der Eingangshalle angerichtet. Die Teller der Compagnie des Indes finden ein verblüffendes Pendant in den Paravents, die in Trompe-l'œil-Manier von Joy mit Schalen und Tellern bemalt wurden. Die Lacktechnik hat sie in China gelernt. Mit Gläsern und Karaffen mit eingraviertem Familienwappen, Gabeln aus dem 18. Jahrhundert, einem Cymbidiumzweig in einer japanischen Porzellanvase und alten Salzschälchen schafft Joy eine leicht verrückte und höchst elegante Atmosphäre – sie plant, malt und hat ihren Spaß...

MONSIEUR
UND MADAME CHIRAC

Im Hôtel Matignon

Das Hôtel Matignon, seit 1935 Residenz des Ratspräsidenten, öffnet sich seinen Gästen in ausgesprochen einladender Atmosphäre. Ob Galadiner oder Mittagessen im engeren Kreis – mit französischer Eleganz und Raffinesse bietet es für den einen wie für den anderen Anlaß den geeigneten Rahmen. Zu diesem Mittagessen für acht Personen empfangen Jacques und Bernadette Chirac im Speisezimmer des ersten Stocks: ein ovaler Tisch ist, geschmückt mit einem Tischtuch von Pénélope mit aufgesticktem Blumenmotiv; der Frühlingsstrauß inmitten des Tisches harmoniert mit dem speziell für das Matignon geschaffenen Porzellanservice mit zartem Blätterdekor. Zum offiziellen Abendessen im wundervollen Rahmen des weiß-gold getäfelten Ratssaals im Erdgeschoß sind 45 Gäste geladen. Der stattliche, mit weißem Damast gedeckte Tisch ist mit Bouquets aus Freesien, Tulpen, Hahnenfuß, Kornblumen, Schneeball und Hyazinthen übersät. Die Teller aus Sèvres-Porzellan mit grau-goldenem Empire-Dekor und das Tafelsilber von Christofle mit dem eingravierten Monogramm der Französischen Republik wurden eigens für das Haus in der Rue de Varenne hergestellt. Unabhängig von der Tages- oder Jahreszeit gehört es zu den schönsten Erlebnissen der Gäste des bis Frühjahr 1988 amtierenden Premierministers, den wunderbaren Garten zu entdecken, von dem Jean Courtonne, der Architekt des Matignon einst schrieb, daß er »durch seine Lage und die Schönheit seines Ausblicks die anmutigsten Orte im Umkreis von Paris weit übertrifft«.

BARBARA WIRTH

Sommerzeit, Winterzeit

Die Langeweile, so sagt man, entsteht durch Einförmigkeit – ein Gedanke, den sich Barbara Wirth ganz zu eigen gemacht hat. Sie gibt sich nicht damit zufrieden, ihr Tischdekor zu variieren – sie verändert mit dem Wechsel der Jahreszeiten gleich das ganze Eßzimmer, läßt ein winterliches Glutrot auf ein sommerlich frisches Grün folgen. In der Sommerversion ist das Eßzimmer mit zartgrünen Fayencekacheln verkleidet, die Stoffe der Rollos und Stuhlbezüge sind mit Geranien, Clematis, Kamelien und Rosen handbemalt. Die gebatikten Tischdecken, die rosa und grünen Leinenservietten und der gründurchwirkte Kokosteppich schaffen eine farbenfrohe Kulisse. Alles wirkt frisch und leicht: alte Gläser, Moustiers-Fayencen mit Gemüsedekor, Körbe mit roten Früchten und Küchenkräutern, eine Sammlung alter Karaffen, die Deckenleuchten von Diego Giacometti.

Im Winter hingegen herrscht ein ganz und gar glutvoller Ton vor: als Wandverkleidung ein Stoff mit feinem rot-blauem Fischgrätmuster, Vorhänge und Bezüge aus rotem Stoff, Tischdecken aus rotem Leinen über Batiktüchern. Um große Glockenblumenarrangements herum sind chinesische Teller, altes Tafelsilber und rote Karaffen arrangiert. Auf dem Kaminsims steht eine Glassammlung mit seltenen Vasen in Fenchelform. Könnte man hier nicht meinen, daß Barbara Wirth, deren Stil in der Tradition des Kunsthandwerks verwurzelt ist, dem 18. Jahrhundert zu Ehren eine moderne Version des Dekorwandels – Sommermobiliar, Wintermobiliar – anbietet?

MONSIEUR UND MADAME GARCIN

Ein Hauch von Mistral

Dieses Haus ist für Émile Garcin, einen hervorragenden Kenner der entlegensten Winkel und der verborgensten Besitzungen dieser Gegend, seine schönste Entdeckung: Es strahlt noch die Atmosphäre eines provenzalischen Familiensitzes vom Anfang dieses Jahrhunderts aus. Und da man eigentlich nicht auf die Suche nach Traumhäusern gehen kann, ohne ein wenig für sich selbst zu stöbern, haben die Garcins hier ihre zahlreichen Fundstücke zusammengetragen. In der Küche bewundert man die kleinen provenzalischen Möbel, die alten, aus einem Weinkeller stammenden Kacheln an den Wänden, Mehl-, Salz- und Olivenölgefäße, die alte Theke aus einer Samenhandlung oder auch all die Kräuter und Blumen, die Estelle Garcin zum Trocknen an die Decke gehängt hat. Im Eßzimmer sind beinahe 200 Teller und Schalen der Jahrhundertwende auf einem von Émile Garcin entworfenen Tellerbord aufgereiht. In beiden Räumen steht auf beiden Tischen einfarbiges Geschirr auf einer roten Decke: In der Küche paßt das Braun des Gien-Service zum provenzalischen Tongeschirr und dem karierten Wachstuch; im Eßzimmer harmoniert das Grün der Steingutteller, der Servietten und der großen provenzalischen Fayenceterrine aus Apt mit dem bedruckten Tischtuch. Das Licht dieser Gegend scheint allen Farben dasselbe zauberhafte Timbre zu geben, das der südfranzösische Tonfall der französischen Sprache verleiht.

BISCOTTI
M. PAGANI
ROMA

HÉLÈNE
BOUILLOUX-LAFONT

Ein Sonntag auf dem Lande

Das Wetter ist schön, die Glastüren in Hélènes Zimmer sind zum Garten hin weit geöffnet. Früh am Morgen hat sie schon ein paar Rosen geschnitten und im Dorf ganz warme Brioches und Croissants gekauft. Die Gäste des Hauses treffen sich mit ihr zum Frühstück. Blaues Chinaservice, die Teekanne in Form einer Erdbeere und blätterförmige Schalen überbieten sich gegenseitig an Ausgefallenheit und Charme... Diese natürliche und spontane Phantasie verzaubert den ganzen Tag.
Gegen Ende des Vormittags rufen Freunde an und laden sich ein. Auf dem langen Steintisch auf der Terrasse herrscht plötzlich verschwenderische Fülle: Früchtepyramiden, Salate in kohlkopfförmigen Schüsseln aus Straßburg, gekühlter Wein in entenförmigen Karaffen aus Sarreguemines. Getrunken wird er aus portugiesischen Gläsern, und Schalen aus blauem Chinaporzellan wirken als Blickfang auf den Tischen. Eine originelle Idee: die Trinkbecher sind auf einen Trockenständer für Flaschen gesteckt. Jeder bedient sich selbst und läßt sich nach Lust und Laune in der Sonne auf der Terrasse, im Schatten unter Bäumen, auf einem Liegestuhl oder unterm Sonnenschirm nieder. Auf daß es ein Augenschmaus werde und das Fest beginne!

JACQUELINE HAGNAUER

Stadt und Land

Je nach Stimmung und Gästen pflegt Jacqueline Hagnauer in ihrem Haus in der Provence entweder ihren Pariser Lebensstil, oder sie schafft ein bewußt bukolisches Ambiente. Immer deckt sie die Tische mit der gleichen Raffinesse und Liebe zum Detail, die sie zu einer so bedeutenden Antiquitätenhändlerin machte. Die Stadtversion ist auf einem Kaschmirtuch gedeckt, das die englischen Derbyteller des 19. Jahrhunderts und die Gläsertrios bestens zur Geltung bringt. Zu jedem Gedeck gehört ein Wasserglas aus Böhmen, ein blaues Glas aus der Epoche Napoléons III und ein geschliffenes Glas. Im Mittelpunkt des Tisches stehen ein Silberkürbis, der kleine Gefäße mit Gewürzen enthält, Sträuße aus Freesien und Hortensien, englische Leuchter, Salzstreuer aus blauem Bristolglas und für jeden Gast ein silbernes Körbchen für das Brot. Zu dem Fischbesteck aus England wurden grüne Leinenservietten gewählt. In seiner ländlichen Version zeigt sich der Tisch mit einem rosa-grün gemusterten Baumwolltischtuch und mit natürlichen oder nachgebildeten Blumen und Früchten geschmückt: Rosensträuße aus dem Garten, kleine Steingutteller auf Pont-aux-Choux-Untertellern, ein fröhlicher Kirschkorb, ebenfalls aus Steingut. Und auch hier deckt sie mit drei Gläsern, die die dominierenden Farbtöne des Tisches – Rosa, Grün und Weiß – aufgreifen. Ob Stadttafel oder Landtafel – es ist gut zu wissen, daß beide auf dem Lande angerichtet sind, so daß keine falschen Töne die Harmonie stören.

SHEILA DE ROCHAMBEAU

Im Zeichen des Kürbis

Kochen und mit Freunden zusammen sein: weil Sheila de Rochambeau das eine so sehr wie das andere liebt, hat sie ein für allemal beschlossen, in Anwesenheit ihrer Gäste in der Küche zu arbeiten. Deshalb dieses gemütliche Zimmer, halb Küche, halb Eßzimmer, das an sich schon, in seinen satten Gelb- und Karameltönen, ein wahrer Augenschmaus ist (in dem Sheila den Ton angibt!). Die Dekoration steht heute im Zeichen des Kürbis. In seiner ganzen Pracht thront er in der Mitte des Tisches und gibt ihm seine gedämpften Rottöne vor: Teller mit Marmor-Dekor, die Tischdecke mit aufgedrucktem Patchworkmuster, englisches Silber, irisierende italienische Trinkbecher, Leinenservietten und große Dekanter, die als wundervolle Karaffen dienen. Am Abend ist der ausgehöhlte Kürbis mit Blumen geschmückt; auf einer korallenroten Tischdecke sind englische Teller aus dem 18. Jahrhundert, silberne französische Kerzenhalter und kleine Karaffen, für jeden Gast eine, angeordnet. In dieser genießerischen Atmosphäre hört man zum Abschluß des Abends einige von Teresa Berganza gesungene Lieder aus ›La Cenerentola‹.

BARON DE CONDÉ

Tische voller Harmonie

»Kunstgegenstände, Design, Raumgestaltung, Gärten, er hat die Gabe, das alles zu erleben, zu schätzen, zu gestalten, zu lieben. Die Harmonie ist es, die ihm am Herzen liegt«, schreibt Maurice Druon im Vorwort des Katalogs zu einer Ausstellung des Malers Alain de Condé. Ob es nun gilt, während der Weinlese Gäste bei einem Abendessen in der Kaminecke zu bewirten oder in seinem Garten noch einmal zu arrangieren, was gestern Motiv für ein Bild war, alles, was Alain de Condé in die Hand nimmt, führt er mit derselben originellen Eleganz, mit demselben Sinn für Proportionen aus. – Hell flackert das mit dürren Weinreben geschürte Feuer im offenen Kamin der Küche. Auf karierten Tischsets (es sind einfache, auf dem Markt von Castillon-la-Bataille in der Nähe von Saint-Emilion erstandene Taschentücher) ist gedeckt – dazu nimmt er Gien-Geschirr von 1860 mit dem Wappen der Condé, Bordeauxgläser, Weißweingläser aus dem 18. Jahrhundert, portugiesische Trinkbecher aus gepreßtem Glas, Familiensilber, antike silberne Kerzenleuchter. Die Wand schmückt eine Sammlung von Stilleben aus dem 18. und 19. Jahrhundert von Malern aus dem Bordelais, und auf dem Kaminsims kann man ›Vieux-Bordeaux‹-Platten bewundern. Die Anrichte aus Stein rechts vom Kamin ist nichts anderes als der ehemalige Küchenherd!
Im Freien hat der Maler noch einmal das Motiv eines seiner letzten Bilder aufgebaut. Hintergrund ist der Innenhof seines Anwesens, dessen üppige Blumenpracht er selbst pflegt: Astern, Begonien, Lavendel, Winden, blaue Seerosen, Lorbeersträucher und mehr. Davor lädt ein mit einer blau-weißen Tischdecke geschmückter Tisch, auf dem eine silberne Kaffeekanne und ein Korb mit Früchten steht, zu einem Imbiß ein. Maurice Druon hatte schon recht, als er von Alain de Condé sagte, daß »seine Bilder in gewisser Weise das Werk der Grazien sind, die sie so leuchten lassen«.

Materialien

UMSCHLAG:
Japanische Imari-Teller aus dem 19. Jahrhundert / Baccarat-Gläser / blaue Gläser aus Bristol / Kerzenleuchter von Edward Wakelin / Suppenschüssel aus Augsburg.

ZU PÉNÉLOPE …
Pénélope wurde als Vereinigung nach dem Gesetz von 1901 zur Unterstützung hilfsbedürftiger Menschen gegründet, die in Heimarbeit bestickte Wäsche anfertigen. Ehrenamtliche Mitarbeiter kümmern sich um Herstellung und Verkauf der Wäsche.

14 BARONIN SYLVIA DE WALDNER
Hammersley-Porzellan von Thomas Goode & Co, London.

16 GRÄFIN FRANÇOISE D'ORMESSON
Papiertischdecke, -servietten und Pappteller von Lotus-Beghin-Say.

24 FRANÇOIS CATROUX
Tafelsets und Servietten von Manuel Canovas / Gläser nach einem Modell aus dem 18. Jahrhundert von Christian Dior.

28 JEAN SCHLUMBERGER
Dosen von Jean Schlumberger bei Tiffany in New York.

30 HENRY CLARKE
Das Buch von Henry Clarke ›L'Elégance des Années 50‹ ist im Verlag Herscher erschienen.

32 HERZOG UND HERZOGIN DE MOUCHY
Simrane-Tischdecke / Gläser von Baccarat.

36 RENA DUMAS
Teller mit Tukandekor und Zinnbecher von Hermès / Chintztischdecke von Manuel Canovas / Picknickkorb von Keller aus der Kollektion Hermès.

38 ANNE-MARIE DE GANAY
Handbemalte Teller, Trompe-l'œil-Kohlkopf und Gläser von Juste Mauve.

40 MONSIEUR UND MADAME VAN DER KEMP
Tafelservice von Claude Monet, nachgefertigt von Haviland & Parlon, Gläser aus Biot.

46 CLAUDE UND FRANÇOIS-XAVIER LALANNE
Karaffe von Claude Lalanne für Daum.

58 ISABELLE D'ORNANO
Parfum à l'Eau de Campagne von Sisley.

64 PRIMROSE BORDIER
Teller von Primrose Bordier für Boyer / Gläser von Primrose Bordier für die Glashütten von Sèvres / Papierservietten von Lotus / Stäbchen von CFOC.

66 ALAIN-DOMINIQUE PERRIN
Teller: House of Cartier, Bernardaud /
Gläser von Cartier, Compagnie Française du Cristal /
Silber von Cartier, Reed & Barton, USA /
Schreibblock, Becher, Füllfederhalter und Feuerzeug von Cartier /
bestickte Baumwollsets von Pénélope.

68 ANDRÉE PUTMAN
Besteck von Andrée Putman für Siècle entworfen /
Porzellan von Andrée Putman für Della Torre entworfen.

78 HERZOGIN DE SABRAN-PONTEVÈS
Teeservice: Goode & Co, London / Fayenceteller aus Apt, Atelier Jean Faucon. Das Buch der Herzogin de Sabran Pontevès ›Bon sang ne peut mentir‹ erschien bei Éditions J.C. Lattès.

82 BRUNO ROY
Maske von Alberto Valese, Venedig.

84 KARL LAGERFELD
Gravierte Kristallgläser von Val Saint Lambert.

88 MARQUISE DE BRISSAC
Tassen von Villeroy & Boch / geschliffene Kristallgläser von Waterford.

94 GUY DE ROUGEMONT
Stoff aus Baumwoll-Voile bei Boussac erhältlich / Teller über Artcurial beziehbar / Diderotsessel und -stühle mit Einlegearbeiten aus sechs verschiedenen Hölzern, die das dreifache Markenzeichen von Rougemont, Briard ébéniste und Artcurial tragen.

96 CHRISTIAN LACROIX
Möbel von Garouste und Bonetti, Galerie Neotu.

98 KATHARINA DIE GROSSE
Tischdecke von Pénélope / Teller von Mottahedeh / gravierte Bohème-Kristallgläser aus dem 18. Jahrhundert von Philippe Leroux / Silbergerät von Puiforcat / Schäferin von Bernard Steinitz.

102 COCO CHANEL
Dekor für die Pénélope-Ausstellung / gravierte Gläser von Guillaume Saalburg / Tischdecke von Pénélope / Kleider, Accessoires und Teller sind eine Leihgabe des Hauses Chanel.

104 ATALANTA DE CASTELLANE
Teller von Haviland / Silbergerät von Puiforcat / Gläser ›Prestige‹ von Baccarat / Teppich Mikaeloff.

106 MADAME BUTTERFLY
Porzellan von Lafarge / Saint-Louis-Kristall / Silbergerät von Puiforcat / Tischdecke von Pénélope.

108 EUGÈNE DE BEAUHARNAIS
Edward-Memory-Porzellan von Puiforcat / Saint-Louis-Kristall / Silbergerät von Odiot / Tischdecke und Bettvorhang von Pénélope nach einem Entwurf von Pierre-Hervé Walbaum / eine Nachbildung der ›lampe bouillotte‹ von Biennais durch Odiot.

112 JEAN PUIFORCAT
Silbernes Trouville-Besteck aus dem Jahr 1937, das Porzellan von Puiforcat 1935 entworfen / Argos-Gläser von Lalique / Tafelsets von Pénélope / Blumenschmuck von Ninin Barrus.

120 MANUEL CANOVAS
Moirétischdecke von Manuel Canovas / Servietten von Porthault / Besteck von Peter / Gläser von Baccarat / Galuchat-Teller von Manuel Canovas für Puiforcat entworfen / Weinkaraffe von Lalique / die Kühlgefäße wurden von Niderwiller für das Haus Württemberg angefertigt.

124 LESLEY BLANCH-GARY
Das Buch von Lesley Blanch ›Pierre Loti‹ erschien im Verlag Seghers.

130 JEAN DIVE
Teller von Micheletis aus Saint-Martin-de-Cros / Bestecke von Scof.

132 WALTER LEES
Besteck aus Stahl und Plastik von Scof / Vermeil-Kaffeekanne von Garrard.

144 KENZO
Haiku von Gonsui / die kalte Vorspeise, kleine Rübchen mit Crevetten und Broccoli auf Chrysantemenblättern angerichtet, ist eine Kreation des mit Kenzo befreundeten Kochs Issé Soudo.

148 LAURA UND CORINNE MENTZELOPOULPOS
Porzellan, Modell Matignon und Dessertteller, Modell Séville, von Haviland & Parlon / Käseteller nach dem Château-Service von J. Veillard, gefertigt von Deshoulières / Silbergerät, Modell Symphonie, von Odiot / Gläser von Baccarat.

182 MICHAEL PRENTICE
Tisch aus schwarzem Granit aus Südafrika, von Michael Prentice 1985 für SAD geschaffen.

192 MONSIEUR UND MADAME CHIRAC
Gläser ›Perfection‹ von Baccarat / Teller, Modell Matignon von Haviland & Parlon.

196 BARBARA WIRTH
Fayence aus Moustier, Atelier de Segriès / blaue Gläser von Nason Moretti.

206 JACQUELINE HAGNAUER
Kaschmirtischdecke: Martine Nourissat.

210 BARON DE CONDÉ
Alain de Condé stellt in Paris in der Galerie Bruno Ract-Madoux aus.

Dîner le 26 Avril
L'Ambassadeur de France
Le Baron de Condé
42 88 63 43
21 heures
Joy de Rohan Chabot
dîner le Jeudi
Pierre-Hervé
request the pleasure
for dinner
L'Ambassadeur du Brésil
prie Monsieur et Madame
de lui faire l'honneur de
dîner
le mercredi 7 janvie
R.S.V.P.
42.24.48.25
Dîner le
Entrée 12 ru
un soir d'été
soupe froide
canard en gelée
cerises, pêches
câpres
Fromage
Glacée à la
***
Boulevard Suchet
Rieussec 1976
Duhart-Milon 1980
Lafite Rothschild 1962
Mouton-Rothschild 1934
Margaux 1970
Margaux (Jéroboam) 1961
1967
Comtesse Jean d'Ormesson
E ROTHSCHILD
AUILLAC
La Baronne Alain de
recevra à Château
SAMEDI 16 MARS
COMTE & COMTESSE
déjeuner le